親子で
成長！

気になる子どもの
SST実践ガイド

山本淳一・作田亮一 監修

岡島純子・中村美奈子・加藤典子 著

Ψ
金剛出版

はじめに
子ども, 保護者, 教員, 支援者とともに育つソーシャルスキル・トレーニング

　子どもたちに「社会性」を身につけてほしいというのは，保護者の皆さん，教員の皆さん，発達支援に携わる皆さんにとって，共通の願いです。同時に，子どもたち自身にとっても，友達がほしい，友達と仲良くしたい，友達にわかってほしい，友達のことを理解したい，ということは強い願いなのです。本書は，その願いを，願いのままにするのではなく，それらの願いを実現していく方法を具体的に書いた本です。

　「社会性」というのは，子どものこころの奥底に潜んでいるものではありません。また，「社会性がない」とレッテルを貼って完了してよいものでもありません。そうではなく，学校や家庭という環境のなかで現れる，具体的な行動なのです。相手の言っていることを理解する行動，自分の言いたいことを相手に伝える行動，自分の経験したことを相手と共有する行動，相手を認める行動，自分を認めてもらう行動，友人と対人関係を楽しむ行動，これらの多様な行動の集積が「社会性」なのです。

　行動という意味と行動の集積という意味で，国際的にはソーシャルスキルズという複数形が用いられます。本書では，日本語の語感に合わせるため，ソーシャルスキルと表記しましたが，実際に活用する場合には，多様な行動を身につけてもらうソーシャルスキルズ・トレーニングを行うという観点を持ち続けたいと思います。本書は，学校で遭遇する，そして家庭で起こるいろいろな行動，まさに，多種多様なソーシャルスキルを取り上げ，それらをていねいに育んでゆく方法が具体的に書かれています。多様な行動の習得が，適応力の，そして成長の基盤になるのです。

　まずは，子どもの苦手な行動ではなく，得意な行動が出現するような環境の整備，教材の用意をしましょう。そして，よい行動に徹底的に注目して，少しでもよい行動が現れたら，子どもにとってグッとくる言葉や身振りでほめましょう。そして，認めましょう。

　ソーシャルスキルの定着，般化，維持のためには，日常生活のなかで，身につけたスキルズを頻繁に活用し，その結果，うまくいった，楽しかった，相手から褒められた，認められたという経験を毎日毎日積み重ねることが肝要です。本書では，子ども本人へのソーシャルスキルの練習と同時に，保護者に家庭で実施していただくペアレント・トレーニングを有機的に組み込んだプログラムを解説しています。

　保護者も成長し，子どもも成長する。本書は，そのためのガイドブックです。子どものニーズに合わせて，どこからでもスタートさせてください。そして，スキルをひとつずつ

増やして多様なスキルを身につけられるよう，練習しましょう。

　本書には，大人がついやってしまいそうな働きかけや子どものよくある行動などへの対応方法も，整理して記載されています。日々の教育，子育て，療育で難しさを感じている皆さんにとって，たいへん参考になります。その支援方法，対応方法の多彩さは，執筆者，監修者が，本プログラムの開発と実施に直接かかわり，子どもたちと保護者の皆さんの行動変容過程を常に分析し，問題に対応し，次の支援に活かすというPDCA（plan-do-check-action）サイクルを回しながら，ひとつのプログラムとして完成させてきたことで培われてきました。

　学校，家庭はもちろん，児童発達支援，放課後等デイサービス，発達相談，療育，ワークショップなど多様な場面で活用していただけたら幸いです。

　本書は，執筆当初から，構成が明確で，どこから読んでも，さまざまなニーズのある読者に対して役に立つ情報が提供できる本にしたいと考えていました。このような，著者・監修者の意図を汲み取り，編集を進めていただいた金剛出版の藤井裕二さんに感謝いたします。

　2020年10月19日

山本淳一

SSTプログラムの成り立ちとこの本の使い方

SSTプログラムの成り立ち

　私は，大学院時代から，通常の学級の子どもたちに対するソーシャルスキル・トレーニングの実践に携わってきました。福祉分野や教育分野で心理士をした経験から，いわゆる「気になる子ども」が，大きな悩みを抱える前に早期に支援していくことの重要性を感じていました。そこで，日本や海外での実践報告を調べながら（岡島・鈴木，2013），日本に合わせたプログラムを作りはじめました。そして，個別の症例研究としてプログラムを試し（岡島・谷・鈴木，2014），集団へと広げていきたいと考えました。その最中，ソーシャルスキル・トレーニングの重要性に共感していただいた，小児神経科学がご専門の作田亮一先生のご意向で，獨協医科大学埼玉医療センター子どものこころ診療センターで本格的にプログラムの開発に取りかかることになりました（岡島ほか，2014）。しっかりとしたプログラムを開発したいと考え，スーパーバイズを応用行動分析と発達臨床がご専門の山本淳一先生にお願いすると，快く引き受けてくださいました。

　このような流れで，2011年にソーシャルスキル・トレーニング，ペアレント・トレーニングから構成される「獨協なかまプログラム」が誕生しました。この本は，この数年間にわたる実践とその成果を踏まえて，ノウハウを集約させたSSTのガイドブックです。そして，このプログラムを支援ニーズのある多くの子どもたちに届けたい，そして本来の力を発揮してほしいという願いから，本としてまとめることになりました。

　プログラムを行ってきた私の感想は，「子どもたちの力の伸びしろは無限である」ということです。たとえば，「気になる子ども」のなかには，「相手の気持ちを考える」「状況に合った判断をする」ということが，そもそも苦手な子どもが多くいます。プログラムに参加した子どもたちは，本書で紹介した構造化されたプログラムのなかで，ある状況にいる自分自身，そしてまわりの子どもたちがどのように感じるか，考える機会をできるだけ多く設けるようにしています。スモールステップで支援していくなかで，子どもたちは，その状況に置かれた自分の感情に気づくようになり，時間をかけて自分なりの意見を言えるようになりました。このような子どもたちの変化を見て，「相手の気持ちを考える」「状況に合った判断をする」ことができないのではなく，その必要性を感じていなかったり，興味がなかったりという理由で，考える機会が少なかったのではないかと考えるに至りまし

た。つまり，どんなに苦手な領域であっても，十分にその機会を与えることで，子どもたちはソーシャルスキルを学習することができるということです。日常生活で経験しにくいそのような機会を，このプログラムは提供します。

この本の使い方

　この本は，理論編，マニュアル編（ソーシャルスキル・トレーニング，ペアレント・トレーニング），事例編，問題解決編から構成されています。いろいろな立場の方がこの本を利用できます。

使い方その1——ソーシャルスキル・トレーニングのセクションを利用する

　通常の学級，特別支援学校，特別支援教室（通級指導教室）の先生方，教育センターや発達支援センターの心理士，放課後等デイサービス，児童発達支援事業所の心理士や支援スタッフ（作業療法士，言語聴覚士，児童指導員）の方々が手に取られた場合，ソーシャルスキル・トレーニングのセクションのみを利用することも可能です。個別での実践へと変えていくことも可能ですし，また，児童養護施設，児童心理治療施設等の児童福祉施設で，この実践を取り入れることもできます。

使い方その2——ペアレント・トレーニングのセクションを利用する

　児童家庭支援センター，医療分野や大学における相談機関，母子支援センター，児童相談所，スクールカウンセリング，教育センターなど，保護者の面接をする機会が継続的にある場合は，ペアレント・トレーニングのセクションが使えます。ペアレント・トレーニングのセクションでは，子どもに対する養育技術を身につけてもらい，保護者同士が日ごとの大変さを分かち合い，子どもの特徴を味わい，愛おしむ時間を提供します。

使い方その3——問題解決のセクションを利用する

　グループで実践するのが難しいけれど，子どもに対応しなくてはならないという専門職の方もたくさんいらっしゃいます。そのような場合，問題解決のセクションを利用するとよいでしょう。このセクションには，応用行動分析の考え方とその実例が載っています。実践することで，応用行動分析の考え方が身につきます。また，しっかりとした時間は取れないけれども，ソーシャルスキル・トレーニングのように，どのような行動が必要であるか子どもたちと整理して，それらが実施できるようにきっかけとなるヒントを出し，できたら褒める，よい行動，がんばった行動を認めるといった使い方もよいでしょう。子どもたちがうまくできずに，叱られてしまうという状況を減らすのが最も大切なことです。

さまざまな支援の実践現場での問題解決の方法については，以下の本をご参照ください。

日本行動分析学会＝編／山本淳一，武藤 崇，鎌倉やよい＝責任編集（2015）ケースで学ぶ 行動分析学による問題解決．金剛出版．

　私たちの研究成果は，研究者のデータベースサービスであるResearchmap（リサーチマップ）に掲載されています。「Researchmap 研究者の氏名」を，インターネットで探していただくと，SSTに限らず最新の研究成果が載っています。また，学術論文のいくつは，「J-STAGE」という学術論文サイトからダウンロードできます。

＊

　本書は，執筆者たちが「獨協なかまプログラム」を実施した成果をもとに執筆しました。本書で挙げた事例は，特定の個人の事例ではなく，多くの子どもたち，保護者の行動を集約して，抽象化，一般化した仮想的なものです。

　本書の方法は，効果を確実に保証するものではないので，子どもや保護者の様子に応じて調整しながら，また関係する支援の専門家と相談しながら進めてください。

　本書のソーシャルスキル・トレーニングとペアレント・トレーニングのセクションに登場する「ワークシート」は，金剛出版のホームページ（https://www.kongoshuppan.co.jp/book/b548468.html）からダウンロードできます（パスワード：1796）。それらを利用し，臨床実践に活かしてください。

岡島純子

文献

岡島純子，加藤典子，吉富裕子，山本淳一，作田亮一（2014）自閉症スペクトラム障害児に対する社会的スキル訓練・親訓練の効果――「獨協なかまプログラム」開発のための予備的研究．子どもの心とからだ 23-1；49-57.

岡島純子，鈴木伸一（2013）通常学級に在籍する自閉症スペクトラム障害児に対する社会的スキル訓練――欧米との比較による日本における現状と課題．カウンセリング研究 45-4；21-30.

岡島純子，谷 晋二，鈴木伸一（2014）通常学級に在籍する自閉症スペクトラム障害児に対する社会的スキル訓練――般化効果・維持効果に焦点をあてて．行動療法研究 40-3；201-211.

この本の登場人物

学校で"ちょっと気になる子"

　本書は，学校で"ちょっと気になる子"を対象としたソーシャルスキル・トレーニングやペアレント・トレーニングの方法を掲載したマニュアル本です。トレーニングによる体験を通じて，"子どもの気づきをはぐくむ"ことに重点を置いています。どのような子どもでも，日々，学習しています。ただ，ほかの人は気がつくのに，1人だけ気づかないことがあるとうまく学べないことがあります。本書で紹介するソーシャルスキル・トレーニングでは，子どもが気づけるように，"具体的で，想像しなくても目に見えてわかる"という観点から工夫しています。

　この本の登場人物は，学校で"ちょっと気になる子"たちです。"自分からは積極的に動けない"，"一方的"，"自分の世界観が強く，風変わり"，"人とかかわろうとしない"などの特徴をもつ子どもたちが登場します。そのような子どもに対しては，学校場面や生活場面で対人関係の指導の仕方に迷ったり，子どもの得手不得手に沿った教え方ができないときがあります。

　獨協医科大学埼玉医療センター子どものこころ診療センターには，通常の学級に在籍している，もしくは，特別支援学級に在籍しながら通常の学級との交流を多用している，発達障害のある子どもが多く受診しています。そのような子どものための集団療法が，センターで行われてきました。グループに参加する子どもの特徴やグループによる変化は，通常の学級・通級指導教室・特別支援学級などの教育現場でも参考になると思います。ただ，センターでのソーシャルスキル・トレーニング，ペアレント・トレーニングに対するニーズが非常に高い一方で，実際に参加することができる人数は限られています。もし，ソーシャルスキル・トレーニングやペアレント・トレーニングの要素を取り込んだ教育的支援が実施されれば，必要とする子どもがトレーニングを受けられる機会が増えます。

　本書には，4人の登場人物が出てきます。それぞれ，これまで取り組んできたプログラムに参加してきた子どもの特徴が反映されています。もし，あなたの周りに似たような子どもがいたら，事例を参考に本書のプログラムを活用してみてください。

コダワリくん（小学3年生）

幼少期は……

保護者：電車が大好きで，実際に見に行ったり，絵本を読んだりしています。電車の名前を覚えていて，私よりずっと詳しいです。小さい頃は，興味があるものが目に入るとすぐにそちらに行ってしまい，よく迷子になって困りました。検診では，「じっとしているのが苦手，見ると体がすぐに動いてしまう」と指摘されました。

学校での様子

担任：小学校入学後は，何か気になったものがあると，すぐに離席していました。2年生ぐらいから，着席して授業も受けられるようになりましたが，ノートに落書きしていることが多いです。行事など初めての経験や見通しが立ちにくいことは，流れについて確認しに来ることがあります。図工で好きな作業をやっていると，決められた時間になっても続けていて，次の行動に移れないことがあります。クラスメイトとは，好きなゲームの話はしているようですが，そうではない話になると，話はあまり聞いていないようです。話し方は丁寧なのですが，同級生にも敬語で，独特な言い回しが気になります。

家庭での様子

保護者：初めての行事では，数日前から心配して，そのことばかり話しています。宿題を始めても，途中から好きな本を読んでしまい，なかなか終わらせることができません。

ベタオドくん（小学5年生）

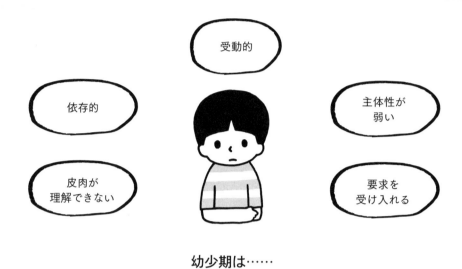

受動的

依存的

主体性が
弱い

皮肉が
理解できない

要求を
受け入れる

幼少期は……

保護者：人見知りが激しく，3歳児検診では，言葉が遅いと言われていました。保育園に
預けるときは大変で，私からなかなか離れませんでした。大きな音が苦手で，保育園で
は，電車を見に行く散歩に行けませんでした。

学校での様子

担任：1年生のときは，よく泣いていたみたいです。全校生徒が集まる集会では，体育館
に入れなかったそうです。今は，おとなしいタイプで，自分から積極的に友達と話すと
いうことはないですね。発表も自主的にはしないです。友達の悪意みたいなところを読
み取るのが苦手です。勉強面では特に，文字の理解が難しいようです。聞いたことを理
解するのは年齢相応にできると思いますが，文字を読んで理解して作業を進められない
ことが多いです。国語の課題や算数の文章題も時間がかかります。

家庭での様子

保護者：家ではよく，べたべたしてきます。2年生の頃，クラスメイトが担任の先生に怒
られているのを見て，怖がって，不登校になったことがあります。学校から帰ってきて，
「友達なんかいらない」と言って，暴言を吐いたりします。学校でのストレスがたまって
いるのでしょうか。

グイオシちゃん（小学2年生）

よくしゃべる

ルールに
こだわる

一方的

恥じらいが
ない

距離を取るのが
苦手

幼少期は……

保護者：検診で指摘されることはなかったです。むしろ，ほかの子よりも，言葉は早かっ
たように思います。ただ，知らない人にも話しかける子でした。

学校での様子

担任：小学校入学後から，積極的に友達と話しています。授業中も積極的に発言していま
すよ。ただ，話の中心になることが好きみたいなので，友達が話をしていても，自分の
話をしてしまい，クラスメイトから距離を置かれてしまうときがあるように思います。
はっきり理路整然と自分の意見を言うタイプなので，私の授業でも，質問が多いです。
学校や教室でのルールを破った人に，よく注意していて，トラブルになることもありま
すね。

家庭での様子

保護者：学校から帰ってきて，学校で嫌だったことなどを話してくれます。「私は悪くない
のに，なんで嫌なことを言われなきゃいけないの？」と言っていることがあります。ま
た，最近は，話しすぎることで，落ち込んでいることもあるみたいです。恥じらいがあ
まりないのも気になるし……思春期に向けて，これからどんどん友達関係が難しくなる
から，どうしたらいいでしょうか。

スルーくん（小学4年生）

周囲への
関心が薄い

周囲の出来事が
理解できない

固まる

表情の変化が
ない

独り言が
多い

幼少期は……

保護者：小さい頃から，おもちゃの車をひたすら並べて遊んでいました。私が，絵本の読み聞かせをしようとしても，あまり興味がないようで，ほかの子と違うと感じていました。幼稚園でも，あまり友達と遊ばないようでした。先生は，会話は少ないけれど，先生の言っていることは理解できる子だと言っていました。

学校での様子

担任：小学校入学後から，割と1人で過ごすことが多くて，クラスメイトからちょっかいを出されると，叩いてしまうことがあったそうです。授業を妨害するといったような大きな問題はまったくないです。今も，休み時間は1人で過ごすことが多いですね。何と言っているか聞き取れないのですが，たまに独り言を言っていることがあります。クラスメイトの動きを警戒しているようなところがある気がします。あまり，表情が変わらないですね。勉強は，算数では，彼に勝てる子はいないんじゃないでしょうか。

家庭での様子

保護者：学校から帰ってくると，表情が険しかったり，家のトイレに閉じこもって出てこなくなったり，朝に登校をしぶることもあります。この状態が続くと学校に行けなくなってしまうんじゃないでしょうか。

目　次

第1章　理論編

第2章　マニュアル編

第4章　問題解決編

第1章

理論編

第1節 ソーシャルスキル・トレーニングが必要な発達障害の診断と治療

1 医療における神経発達症の診断と治療

1 神経発達症の子どもたちが医療機関を受診する意義

　この本に登場する，小学3年生コダワリくん，5年生ベタオドくん，2年生グイオシちゃん，4年生スルーくんは，発達外来を受診する患者さんの典型例です。4人に共通してみられる特徴は，対人的なコミュニケーションの困難さとなんらかのこだわりです。医療機関では自閉スペクトラム症と診断されるでしょう。4人のなかで，コダワリくんは多動や衝動性，ベタオドくんは言葉の遅れを就学前の検診で指摘されていました。しかし，特別な療育には至りませんでした。グイオシちゃんは逆に言葉の発達は早いほうで，スルーくんは友達とは遊ばないけれど大人しいので，園では大きな問題を指摘されなかったのでしょう。このように，知的発達に大きな遅れがなく周囲を困らせるような問題行動の少ない子どもたちは，療育支援を受けることなく就学し，その後，学校環境のなかで，本人のなかに困り感が徐々に蓄積し，最終的にSOSが出ることが少なくありません。子どもたちは自分の言葉で辛さを表現することが苦手です。ですから，子どもに関わっているすべての大人（養育者，保健師，幼稚園，保育園，学校の支援者など）がそれぞれの環境のなかで，できるだけ早期にSOSをキャッチし，支援を開始すべきなのです。

2 神経発達症と自閉スペクトラム症の診断

　診断は，DSM-5という診断基準による操作的診断と，行動観察，その他の診断ツールを組み合わせて行います。発達障害は神経発達症（群）です。神経発達症は，知的発達症，コミュニケーション症，自閉スペクトラム症，注意欠如・多動症，限局性学習症，運動症，チック症に分かれます。本書は自閉の特徴を有している子どもを対象に，コミュニケーションスキルの向上を目指して行うトレーニング・マニュアルですが，現実には上記の障害がいくつか併存していることも珍しくありません。

　自閉スペクトラム症は，①人とのコミュニケーションが独特で，②行動の興味の範囲が限定的・反復的というのが特徴です。人とのコミュニケーション，やりとりの独特さは，

「相手のことを知りたい」という欲求が少ない，気持ちを共有する喜びを感じていないように見えます。行動や興味の範囲が限定的・反復的という特徴は，おもちゃや物を何度も同じように動かして確認している，その世界に浸っているように見えることがあります。この2つの特徴は，発達の早い段階で認められるものですが，年齢が上がるにしたがってその特徴が弱まったり，生活のなかで学んだスキルによって，ある程度，適応的になっていくことがあります。

　自閉スペクトラム症によく併存すると言われている注意欠如・多動症は，注意の偏り，多動性・衝動性の問題をもつのが特徴的です。注意の偏りとは，いわゆる「おっちょこちょい」のことで，ひとつの課題（勉強や遊び）に注意を集中しつづけることが苦手です。一方で，興味があることについては集中しすぎてしまい，何時間でも没頭してしまいます。そのようなときには，周りの声かけにも応答しないので，先生や保護者・きょうだいから怒られ，本人は，突然怒られたと感じ，混乱して泣きじゃくったりします。また，順序立てて行うことが苦手という特徴もあるため，整理整頓や片づけがとても苦手であることが多いです。多動性・衝動性の問題とは，いわゆる「落ち着きがない」ということで，児童期では，離席してしまったり，先生から当てられるのを待てず，手を挙げずに答えてしまったりすることがあります。また，着席ができていても，手や足をつねに動かしていることもあります。

　ソーシャルスキル・トレーニングでは，苦手な対人関係を技術（スキル）で補います。また，注意や多動の問題にも言葉による注意以外で対応するため，保護者の手本にもなりますし，子どもの自信にもつながります。ペアレント・トレーニングでは，「何回言ってもできない」といった保護者の困り感を解消します。そして，「こういう工夫をしたら，スムーズに動けて，褒めることができました」と親子のコミュニケーションが楽しいものになります。

❸　ライフステージに合わせた発達支援

　子どもたちへの発達支援は一時的なものではうまくいきません。就学前の場合，多くは保健センター，医療機関，地域発達支援センター，療育センター，児童デイなどで開始されます。就学すると教育機関がメインとなり，通級指導教室，特別支援学級，特別支援学校など，さらに療育センター，放課後等デイサービスなどが引き受けます。高校を卒業すると就労サービスなど，福祉がメインとなります。これらの支援を切れ目なく受けられることが望ましいのですが，現実は途切れてしまうことも多く，支援者側の連携も大切です。ライフステージを，就学前は「育む」，就学後は「学ぶ」，成人期は「生きる」と考えるといいでしょう。早期療育に関わる支援者は，子どもの現在だけを考えるのではなく，その

子が思春期，成人期に達したとき，どのような未来へ向かっていくのか，想像力をもって見つめていくことが必要です。

　小学3年生コダワリくんは，融通がきかず，好きなことに没頭してしまい，周囲と協調できません。しかし，ルールを守る，よく動くという特徴は，中学や高校で委員会活動など役割をもつことによって責任感に発展するかもしれません。5年生ベタオドくんは，どうしても受動的な態度になってしまい，自信がなく主体性のある行動ができません。しかし，自分のやるべき役割を一つひとつ丁寧に教わって理解することにより，自信が芽生え，活躍できるでしょう。小学校時代はあんなに引っ込み思案に見えたベタオドくんが，高校時代には自分の意見をしっかり発言できるようになっているでしょう。2年生グイオシちゃんは，フレンドリーですが，コミュニケーションが一方的なので敬遠されることがあります。人との距離感を学び相手の気持ちを考えられるようになると，中学や高校時代はクラスの人気者になっているでしょう。4年生スルーくんは，周りの友達からすると何を考えているのかわからない子です。周囲への関心が薄いスルーくんも，高学年になると次第に周囲への興味が湧いてきます。そのとき，初めてスルーくんの心のなかに葛藤が生まれるかもしれません（"僕は，みんなと友達になりたい，なのに周囲の出来事が理解できないから友達になれない"）。しかし，中学や高校時代，焦らず自分の気持ちを表現したり相手の気持ちを理解できるようになると，親友と言える友達ができるでしょう。このように，自閉スペクトラム症の特徴をもっていても，本人の力と周囲の理解により社会のなかで孤立せずに生活することはできるのです。

４　医学的な治療

（1）内科的な診察と二次障害への対応

　小児期の発達障害を疑われる子どもに対しては，小児神経学的立場に立った診察が必要です。言語や運動の遅れのある子どものなかには，先天的な器質的疾患（遺伝病，染色体異常，脳形成異常，代謝性疾患など），てんかん，内分泌疾患その他の病気が背景に隠れていることがあり，初診時にはこれらを鑑別診断するための内科的な診察が欠かせません。鑑別によって多くの疾患を否定したうえで，前述した通りの手順で診断を下します。医師は，主に療育相談を行います。療育相談の主体は，学校や家庭の環境調整です。学校でのいじめ，家庭での虐待にも気をつけます。さらに神経発達症診療では二次的な精神的問題，たとえば不登校，摂食障害，不安症，強迫症，家庭内暴力，ゲーム依存，昼夜逆転など睡眠の問題などへの治療が重要です。早期療育の目的のひとつは，このような二次的精神症状の予防なのです。養育環境が不適切で，子どもがつねに叱られ，罵倒されて育つと，自尊感情を激しく傷つけられてしまいます。このような発達障害の子どもが，生育していく

過程のなかで，環境との相互作用を通じて直面した特有の発達上の危機や，偶発的な重大な出来事によってもたらされた精神障害を，二次的精神障害といいます。これには，外在化障害と内在化障害の2種類があります。外在化障害は，内的な怒りや葛藤が，極端な反抗，暴力，家出，放浪，反社会的犯罪行為など行動上の問題に転じるものです。反抗挑戦性障害，行為障害などがあります。内在化障害は，怒りや葛藤が不安，気分の落ち込み，強迫症状，対人恐怖，引きこもりなど情緒的問題に転じます。分離不安障害，社会不安障害，気分障害，強迫性障害などがあります（齊藤，2009）。養育者の精神疾患にも心を配る必要があります。夫からのDV，虐待経験のある母親，経済的な困難を有する母子家庭……このような状況では養育者自身が生活困難を抱え，精神疾患をもち，苦労していることが少なくありません。そのような養育者に支援の手を差し伸べることも重要です。

(2) コメディカルスタッフの役割

　以上のような二次障害を予防し対応するためには，コメディカルスタッフの存在が重要です。心理士は支持的心理療法として個別カウンセリングを行います。特に患者さんの抱えているストレスに関して軽減をはかり，自尊心を上げるための方策を実施します。同時に保護者に対して子育ての難しさを傾聴し支援します。個別ソーシャルスキル・トレーニング，ペアレント・トレーニングも行います。

　リハビリテーションも重要です。言語聴覚士は言語コミュニケーション，構語障害，吃音，学習障害などへの対応を行います。作業療法士は感覚統合，協調運動の障害に対する支援，理学療法士も同様に日常生活動作（ADL）の支援を行います。このように医療では，医師，心理士，リハビリテーションスタッフが総合的に関わって支援します。

(3) 薬物治療

　小児でも薬物療法を行うことがありますが，その適応は慎重に行うべきです。自閉スペクトラム症で保険が適用されているものには，易刺激性（刺激への影響されやすさ）に対するリスペリドンおよびアリピプラゾールがあります。少量でうまく効果が得られることがあります。多動や衝動性など注意欠如・多動症（ADHD）が併存し，コントロールが難しい場合は，抗ADHD薬を投与します。メチルフェニデート，アトモキセチン，グアンファシンの3種類があります。それぞれの薬は薬効と副作用に特徴があり，医師は患者さんの困り感を確認して薬を選択します。メチルフェニデートは，朝1回飲むと夕方まで効果があります。即効するので使いやすいですが，帰宅すると効果が薄れてしまいます。また，給食の時間に食欲が低下することがあります。チック症が併存している場合は，チックを悪化させるので使用できません。アトモキセチンは24時間の効果があり，1日2回内服する必要があります。内服してから効果発現まで2週間以上かかります。食欲低下の副

作用は少ないのですが，頭痛を訴えることがあります。グアンファシンも24時間効果があり，1日1回，いつ飲んでも大丈夫ですが，眠気が出るので夕食後に飲んでもらいます。血圧を下げる可能性があり注意が必要です。漢方薬は就学前の幼児から使用が可能です。抑肝散は多動性のある子に使用します。もし，子どもがなんらかの薬物治療を受けていることがわかったら，その薬の名前，副作用，子どもがきちんと飲んでいるのかなどを確認すべきです。

2　獨協医科大学埼玉医療センター子どものこころ診療センターの取り組み

■1　初診患者さんへの心構え

　獨協医科大学埼玉医療センター子どものこころ診療センターには，毎年約700名の初診患者さんが来院します。そのうち約70%以上が神経発達症と診断される子どもたちです。患者さんが増加した理由はいろいろですが，発達の偏りがあり，養育者や保育園，幼稚園，小学校の先生方が早期に気づいて医療機関につながる例が多くなったことが要因のひとつと考えられます。しかし，養育者のなかには，学校の先生から受診を勧められたものの，医療機関を受診することで，子どもに「障害のレッテルを貼られたら一生後悔する，かわいそうだ」と考えて受診をためらい，初診の際にその悩みを訴える人もいます。その際，我々は医療で行う子どもたちの診断は単なるレッテル貼りではないことを説明します。発達検査を行い適切な診断を下すことは，前述のように，支援のニーズを明らかにすることになります。当センターでは，支援の方向性をご家族に伝え，一緒に子どもの特徴を理解し，学校や家庭でも一貫した対応を行うことを信条としています。そのために，当センターで行った発達検査の内容は報告書として家族にお渡ししますし，教育や児童デイなどでも活用していただくことを前提としています。

■2　医療でソーシャルスキル・トレーニング／ペアレント・トレーニングを行う意義

　当センターでは，本書で紹介するソーシャルスキル・トレーニングとペアレント・トレーニングを「なかまプログラム」と名づけ病院内で行ってきました。このプログラムの特徴は，グループでソーシャルスキル・トレーニングと同時にペアレント・トレーニングを，短期間，集中的に行うことです。通常の診療では，保護者の目線が中心になり，保護者の困り感に対する相談が多くなりがちです。保護者からの訴えは，「何を言っても子どもが宿題をしない，ゲームやテレビをいつまでもやって中止できない，着替えをしない，風呂に

入らない，登校したがらない，ルールを守らない，保護者に暴言を吐く，夜遅くまで寝ようとしない，言うことをきかない」とさまざまです。さらに，保護者の悩みは「本当は叱ってはいけないと思うけれど，うまく褒めることができない」と続きます。子どもにソーシャルスキルを身につけてもらうと同時に，保護者の気持ちに寄り添いつつペアレント・トレーニングを行うことは，ソーシャルスキル・トレーニングの効果をさらに高める結果をもたらします。プログラムに参加した後の診療では，親子の間で前向きな言葉が増えてきます。ソーシャルスキルを身につけた子どもは，保護者から褒められる機会が増えるでしょう。ペアレント・トレーニングを受けた保護者は，子どもが今できていることを発見するようになり，外来でも褒め言葉が増えていることに気づかされます。子どもは保護者からできたことをその場で言ってもらえるので，診察に来るのが嫌ではない様子です。このような保護者と子の関係性の改善は，目に見えて子どもの情緒面の安定につながります。診療では，子どもも保護者も決して責めることなく，両者が今できていることを再確認してもらうことを目標としています。基本的には発達障害医療に薬物治療は必要ではありません。本プログラムを医療機関として導入したことは，非常に意義深いことであったと考えています。

文献

齊藤万比古（2009）発達障害が引き起こす二次障害へのケアとサポート．学研．

第2節 ソーシャルスキル・トレーニングの前提となる応用行動分析入門

1 応用行動分析入門

■ 応用行動分析をソーシャルスキル・トレーニングに活かす

　子どもの社会性を伸ばし，適応を促進するためには，子どもたちがソーシャルスキルを習得し，日常の家庭生活・学校生活のなかで，楽しかった，対人関係がうまくいった，気持ちが安定した，という経験を繰り返すことが重要です。

　ソーシャルスキルの習得と日常環境のなかでの定着のために「応用行動分析（Applied Behavior Analysis）」を活用します。応用行動分析は，「個人と環境との相互作用」の法則から導き出された技法を，教育・医療・福祉・看護・リハビリテーション・行政・ビジネスなど，さまざまなヒューマンサービスに活用し，大きな実績を上げています（山本・武藤・鎌倉，2015）。

　応用行動分析では，人間の行動には法則があり，その法則をヒューマンサービスに活かすことができると考えます。社会性を伸ばし，適応を促進するためには，子ども本人への支援と子どもを取り囲む環境への支援が重要になります。獨協医科大学埼玉医療センター子どものこころ診療センターで開発された「なかまプログラム」では，前者がソーシャルスキル・トレーニング，後者がペアレント・トレーニングにあたり，その双方を統合することでプログラムが構成されています。

■ ソーシャルスキルがあると日常生活が安定する

　次に，環境によって個人がこれほど変わるという例を挙げ，応用行動分析による支援方法を紹介します。

（1）太郎君の場合

　小学校3年生の太郎君は，こだわりの強いところがあります。また，自分の気持ちを言葉で相手に伝えることが苦手です。そのため，学校でうまくいかないことがあると，「ぼくはできないんだよー」「なんでぼくばっかり！」と大きな声を出したりします。担任のA先

生は，どう対応したらよいかわからず，太郎君の大声にいらだちを募らせ，つい叱り口調で指示することが多くなっていました。このようなことが，国語の時間のみならず，算数や理科・社会の時間でも繰り返されています。その結果，授業に参加できた，友人と楽しく遊べた，褒められた，うまくいった，という経験をせずに一日が過ぎていくことが多くなっています。太郎君は，先生や友人との関わりに，いつもイライラするようになりました。また，ときどき「学校に行きたくない」と登校をしぶるようになってしまいました。

(2) 次郎君の場合

　次郎君にも，こだわりの強いところがあります。また，自分の気持ちを言葉で相手に伝えることが苦手です。そこで，ソーシャルスキルの練習を，専門家の指導のもとで行いました。練習では，手を挙げてから話す，よい言葉を使う，班でのグループワークに参加するなど，適切な行動をすべて褒められました。また，努力したこと，一所懸命に取り組んだことも，「がんばっている」と十分褒められました。同時に，課題や課題を実施した結果どうなるかなど，あらかじめ見通しが与えられてから課題に取り組む練習を積み，達成感を得ているようです。保護者も，子どもの変化の様子を目の当たりにして，家庭で実践してくれるようになりました。褒められた，うまくいったという毎日の経験の積み重ねによって，家庭や学校のなかでもよい行動が増え，問題行動が減ったようです。

❸　不適切な行動を減らすのではなく，適切な行動を増やす

　子どもたちは，日常生活のなかで問題行動を起こした場合，大人から「不適切な行動」を「減らそう」という関わりをされることが多いのではないでしょうか。子どもが，何度言っても言うことを聞かなければ，大人は毎日，強い叱責や指示を繰り返すことになります。それら「不適切な行動」を「減らそう」という関わりは，一瞬しか効果がありません。また，それが繰り返されると効果がなくなります。そうすると大人はもっと大きな声を上げて子どもを叱ることになるかもしれません。そうなると，子どもも反発し，双方とも感情的になります。これを社会的悪循環といいます（杉山ほか，1998）。

　「不適切な行動」は目立つため，大人はそれを減らそうとします。しかしながら，たとえ不適切な行動が減ったとしても，適切な行動が学習され，増えなければ，別の形で，別の場所で，別の機会に不適切な行動が出現します。

　「適切な行動」は目立ちません。ですから，子どもと関わるなかで，意識的に目的をもって「適切な行動」を見つけ，少しでも「適切な行動」があったら，すぐに褒め，達成感をもてるように関わります。これが，「適切な行動」を長期的に維持する最も有効な方法なのです。

ソーシャルスキル・トレーニングによって適切な社会行動の種類や量を増やし，同時に，ペアレント・トレーニングや学校への報告を通じて，家庭や学校でも維持することが，問題行動を予防するうえで，また重篤化させないために大切なことです。

❹　ソーシャルスキル・トレーニングの前に，個人と環境の相互作用を把握する

　応用行動分析の基盤になる行動分析学をつくりあげたのは，ハーバード大学の心理学者であり，心理学への貢献度が最も高い学者とされているスキナー（1904-1990）博士です。以下では，ソーシャルスキル・トレーニングを実施するうえで必要な応用行動分析の知識をお伝えします。

　私たちは，さまざまな刺激の存在する環境と相互作用を行いながら生活をしています。このような個人と環境との相互作用を「行動（behavior：B）」といいます。

　子どもの行動に影響を与える環境のあり方を「刺激（stimulus）」といいます。見たり，聞いたり，触ったりできる外側の環境刺激も，お腹が痛いなど自分の身体の様子などの内側の刺激もあります。

　このように，私たちは，さまざまな刺激に囲まれて，常にその影響を受けながら生きています。応用行動分析では，①行動に時間的に先立って存在し，行動を引きだすきっかけとなる刺激，②行動した結果，環境から与えられ，次の行動の増加・減少を決める刺激，という2つの刺激の働きを考えます。前者を「先行刺激（antecedent stimulus：A）」，後者を「後続刺激（consequent stimulus：C）」といいます。それぞれが行動（B）に影響を与えるので，刺激と行動との関係を，ABCで表します。

　子どものソーシャルスキルを評価する場合，以下のようにABCで考えます。

　　①先行刺激が子どもの適切な行動を引き起こしているか，問題行動のきっかけになっているか（A→B）
　　②適切な行動に対して環境からどのような応答があったか，問題行動にどのような対応がなされたか（B→C）
　　③その結果，行動は増えたのか，減ったのか（C→B）

　このように，その時点での「先行刺激（A）」と「後続刺激（C）」がどのように働いているか，それによって「行動（B）」の状態がどのようになっているかを詳しく分析することを，それぞれの頭文字を取って「ABC分析」といいます。

2 ソーシャルスキル・トレーニングで活用する応用行動分析

■ ソーシャルスキル・トレーニングを始める前に, 行動の法則を学ぶ

(1) 行動に焦点を当てる

私たちは日々, さまざまな行動をして生活しています。さまざまな行動のまとまりを「スキル」といいます。生活自体が, スキルの集積体なのです。以下, 例を挙げます。

「コミュニケーションスキル」「ルール従事スキル」「自己管理スキル」「認知スキル」「社会スキル」「自立生活スキル」「集団参加スキル」「セルフケア・スキル」「職業スキル」「余暇スキル」「社会参加スキル」などなど。

言語や認知もスキルと考えます。はっきりと音声が外に出てくる場合を「外言」といいます。一方, 考えをまとめたり, 計画を立てるときに, 自分自身に対して小さい声(さらには「心」のなか)で語りかけることがあります。外に出てこない音声なので, 「内言」といいます。内言は, 行動調整や思考として働きます。

(2) 「行動を安定させる」ために先行刺激を工夫する

[1] 最も効果的な刺激を用いる

子どもが指示に従って行動する場面を考えてみましょう。先生から与えられる指示は, 耳から入る聴覚刺激である場合が圧倒的に多いです。聴覚刺激はすぐに消えてしまうので, 注意を向けていないと聞き逃してしまうこともあり, 理解ができないまま次に進んでしまうこともあります。また, 目の前の先生の強い口調は, 子どもにとって, いらだち, 興奮, 怒り, 恐れを生みだす嫌な刺激(嫌悪刺激)となってしまう可能性があります。そうなると, 子どもたちは, その嫌悪刺激から逃れる行動を繰り返し, そのような逃避や回避がパターン化し, 悪循環につながる可能性があります。

それに対して, 文字, 図, 写真などの目で見える視覚刺激は消えずにそのまま存在しているので, 見通しをもってもらうために有効です。また感情を伴うことがないので, 嫌悪刺激となることが少ないというメリットがあります。

[2] ポジティブルールを用いる

「もし〜だったら…できる」というABCの関係が示される先行刺激を「ルール(rule)」といいます。ポジティブなルールとは, その行動をしたら, どのようなよいこと, 楽しいことが起こるかをはっきり示したものです。

ルールは, 相手から与えられる場合に比べ, 自分で作ったもののほうが守られることが多いので, 子ども本人に決めてもらう, またグループで決めてもらうなどの工夫をソーシャ

ルスキル・トレーニングに導入します。

（3）後続刺激によって適切な行動を増やす

　次に，行動が増える法則と，行動が減る法則を考えます。後続刺激によって行動が増えていく場合を「強化」，減っていく場合を「弱化」といいます。行動を増やす働きをする後続刺激を「強化刺激」，行動を減らす働きをする後続刺激を「嫌悪刺激」といいます。

［1］適切な行動が増える法則

　ある行動をしたときに周りから褒められ，認められると，その行動は増えます。これを「社会的強化」といいます。また，ある行動をしたときに，自分の身体の状態が改善したり，自分の力のみで作業が完了すると，その行動は増えます。これを「自動強化」といいます。

［2］不適切な行動が減る法則

　不適切な行動をしていても，環境からの応答がなければその行動は減ります。これを「消去」といいます。たとえば，先生の注目を引きたいために，授業中に大きな声で唐突に先生に話しかける子どもへの対応としては，不適切な行動には対応しないのがよいのです。ただ，現実には，周りの友達がなんらかの関わりをする場合，消去とはなりません。したがって，不適切な行動を消去しつつも，適切な行動を強化しつづけ，適切な行動を増やすことで，不適切な行動を減らすという2段階で対応します。

［3］適切な行動が減る法則

　適切な行動をしても対応や応答がなければ，それは「消去」であり，その行動は減ります。うまくできた，褒められたという経験がなければ，子どもの勉強をする意欲は薄れていきます。適切な行動に対しては，すぐに，できるだけ頻繁に褒め，認めることが大切です。

［4］不適切な行動が増える法則

　不適切な行動をした場合，誰かが関わったり，自分にとって都合のよいことが起こると，その不適切な行動は増えます。また，不適切な行動をして嫌な状況や苦痛を伴う場面を回避できても，やはり，その不適切な行動は増えます。学校で楽しい経験が少なく，指示されたり，叱られたりすることが多い子どもが，「おなかが痛い」と訴えたとき，学校を休んで家のなかで好きなことができると，登校しぶり行動は増えていく可能性があります。この場合，学校で，自分なりにがんばっていることが褒められた，うまくいったという経験を繰り返し，日々の適切な行動を増やすことによって，問題解決をはかります。ここでも，

ソーシャルスキルを増やすことで，不適切な行動を減らすことが大切になってきます。

［5］マイナスの感情的反応が増える法則

　嫌な刺激（嫌悪刺激）を繰り返し与えられると，その刺激を出している人やその状況が嫌いになるだけでなく，同時に存在している多くの刺激が，マイナスの感情的反応（不安，緊張，いらだち，興奮）を引き起こします。子どものネガティブな感情を引き起こすような指示や叱責をしないように注意しましょう。

2　ソーシャルスキル・トレーニングにおいて応用行動分析の技法を活用する

　実際にソーシャルスキル・トレーニングを進めながら，応用行動分析のABC支援技法を活用していきましょう。まとめると，次のようになります。

行動（B）への支援
①ソーシャルスキルは複数の行動から成っている。
②適切な行動に焦点を当て，できる行動をひとつずつ増やす。
③複雑な行動の場合は要素に分解して教える。

先行刺激（A）への支援
①先行刺激（聴覚刺激・視覚刺激，強さ・リズムの強弱など）を調整して最適化する。
②あらかじめ見通しをルールとして与える。
③間違えるような課題では，さりげなくヒントを出し，成功経験で完了する無誤学習を進める。

後続刺激（C）への支援
①多様な強化刺激を用いる。
②強化刺激は，常に即座に，明瞭に，行動に関連づけながら与える。

＊

　学校での適応を促し，楽しく生活するためのソーシャルスキルの般化と維持を促進するためには，まずは，学校環境で遭遇する状況を取り出して，その状況で繰り返し練習して定着をはかります。第2章第1節「ソーシャルスキル・トレーニング」によって，社会的場面で行動することや，対人関係の楽しさを学んでもらいます。第2章第2節「ペアレント・トレーニング」によって，保護者にも子どものソーシャルスキルを伸ばす楽しさを経

験していただきます。日常の環境を少し工夫し，子どもへの適切な行動に対してポジティブな言葉かけを繰り返すことで，子どもたちは大きく成長することが実感できると思います。第3章「事例編」では，子どもたちが自身の行動の特徴を生かしながら，成長する過程を俯瞰していただきたいと思います。第4章「問題解決編」では，ソーシャルスキル・トレーニング，ペアレント・トレーニングがうまく進まない場合の原因と対応方法を解説してあります。つい私たちは，不適切な行動を減らすための関わりを行いがちですが，適切な行動を増やす関わりを徹底することで，保護者も子も成長することを，経験していただければと思います。

　ソーシャルスキル・トレーニング，ペアレント・トレーニングを通して，ポジティブな行動を伸ばしていく応用行動分析のパワーとそれを活用する楽しさを実感していただければと思います。

文献

日本行動分析学会＝編／山本淳一，武藤　崇，鎌倉やよい＝責任編集（2015）ケースで学ぶ 行動分析学による問題解決．金剛出版．
杉山尚子，島宗 理，佐藤方哉，R・W・マロット，A・E・マロット（1998）行動分析学入門．産業図書．

第2章

2

第 章

マニュアル
編

第1節 ソーシャルスキル・トレーニング

1 導入の前に準備する──楽しく参加をモットーに

1 子どものやる気を高める

　このトレーニングでどんなことを学ぶのかについて，初回に整理します。保護者や先生からみて，「この子は，ソーシャルスキルを身につける必要がある」と感じることはよくあります。しかし，当の本人は，その必要性を感じていない場合も少なくありません。一方で，ちょっと気になる子は児童期に，「何だかうまくいかない」「どうして友達に避けられているのかわからない」と感じていることが多くあります。理由がわからないと，「私のことが嫌いなんだ」「いじめられている」という理由づけをすることにつながります。

　この本で紹介するソーシャルスキル・トレーニングは，子どもの気持ちに寄り添って，子どもの視点で，ソーシャルスキルを学ぶこと／実行することのメリットを体験することに重点を置いています。そして，参加へのモチベーションを高めていくことも大切にします。

指導案の例

構　成	ポイントと留意点
1. 支援スタッフの自己紹介	
2. この教室で何をするか整理する 　•「友達がいてよかった」とおもうときは，どんなときですか？ 　•「友達がもっとふえたら，いいな」とおもいますか？ 　• どのようにしたら，もっと友達がふえるとおもいますか？ 3. 教室のめあてを知る 　この教室では，どのようにしたら，もっと友達が増えるか，もしくは維持できるかを考え，練習していくことを整理する。	• 支援者は，<u>「どんなときだろうね？　ゲーム好き？　友達とゲームするときとか？」</u>などと，プロンプトを提示して，書くことを支援する。 • 言葉のみのプロンプトでは，なかなか書けない子どもの場合は，**選択肢たんざくシール**を使用する（使用方法は下記参照）。 •"「友達がもっとふえたら，いいな」とおもいますか？"という質問に「おもわない」と回答する児童もいるが，児童の気持ちを尊重し，修正や訂正はしない。「困ったときに助けてもらえる友達がいるといいね。そういう人がいるといいね」というように整理し，**ワークシート1-1**に記入してもらう。

第2章

2

マニュアル編

2 選択肢たんざくシールを利用する

このトレーニングでは，"「友達がいてよかった」とおもうときは，どんなときですか？"というように，自由回答を求める質問や，相手の気持ちについて考えるといった，想像力を求められる質問が一部分出てきます。このような質問に対し，「何を答えたらよいかわからない」という子も多くみ

けしゴムをかしてもらったとき

きょうかしょをみせてもらったとき

いっしょにサッカーをしているとき

選択肢たんざくシールの例

られます。そこで，それぞれの質問に対して想定される回答を記載したシールを準備します。参加した子どもが回答を書けない場合は，シールを見て，該当するものがないか確認し，さらに，シールを見ても書けない場合は，シールを貼ってもらいます。シールを貼ることができない場合は，シールをはがしてもらうといったように，子どもができることを見極め，ABC分析による支援を行います（pp.11-14参照）。

3 教室でのルールを説明する

ソーシャルスキル・トレーニングに参加する子どもは，座って話を聞く，スタッフの指示を理解する，指示に従うという行動が身についていない場合が多いです。このトレーニングに参加しているときは，子どもにとってわかりやすいルールを用いたり，なるべく視覚的な先行刺激を見せます。

不適切な行動が出現したら注意するというパターンではなく，適切な行動を増やす（pp.9-10参照）ことの重要さを考えると，"友達の良いところを言う"など，適切な行動を具体的に示し，適切な行動を増やしていくことを目標にします。

ルール	
しないこと	**すること**
友だちの わるぐちをいう	友だちの よいところをいう
ちょうしがわるくても， だまっている	ちょうしがわるいときは， 先生にいう
いらいらして， あいてをたたいたり， けったりする	いらいらしたら， あいてからはなれて， 先生にいう

4 言葉による指示に頼りすぎず視覚的な情報を用いる

　学校場面では，状況によってルールが変わっていきます。たとえば，先生が全体に話しかけていて，みんなが自由に答えてよい場面，答えるときには挙手をしなければいけない場面，課題が終わって友達を待たなければいけない場面などがあります。ソーシャルスキル・トレーニングでは，今がどの場面なのか，ホワイトボードに貼って知らせるところから始まり，最終的には，「貼ってないけど，今はどの場面かな？」と視覚的な手がかりなしに判断できるように支援します。たとえば，課題を早く終え，鉛筆や消しゴムで遊び出した場合，「今は，どんな場面でしょう？」とイラストを見せます。自分から答えることができれば，褒めることができます。

　参加する子どものなかには，興奮すると，声の大きさのコントロールが難しくなる子もいます。また，話す言葉が小さすぎて，相手が聞こえない場合もあります。声のものさしを使って，「今は，どの大きさで話すといいかな」と確認することで，注意を受けず，自分で気づいて直すことを促します。

手をあげて　はなします

はなしを　ききます

じゆうに　はなします

すわって　まちます

イラストを用いた先行刺激の例

ソーシャルスキル・トレーニングに出てくる用語

　望ましい行動を増やすときには，その行動の後に子どもにとってうれしいことを生じさせて，強化していくことができます。少し複雑でより望ましい行動を身につけるためには，強化のみならず，インストラクション，モデリング，行動リハーサル＆フィードバック，定着化のための場面を設定するとよいとされています。

（1）インストラクション
　身につけたいソーシャルスキルがあれば，まず，そのスキルについて，教示（インストラクション）をします。そのスキルを身につけることがなぜ重要か，もし，そのスキルを用いなければ，どのような問題が生じるのか，理解を深めることから始めます。

（2）モデリング
　新しい技術を身につけたいときは，その技術を身につけており，上手な人を観察することから始めます。ソーシャルスキルについても同じ過程をたどります。モデルを通して，技術についての知識を得ます。

（3）行動リハーサル＆フィードバック
　実際の状況を想定しながら，具体的な行動を疑似的に実行してみます。観察して学ぶのみではなく，実際に体を動かして，その結果どうなったか，フィードバックを受けることによって行動の方法を学習します。

（4）定着化
　実際の場面では，練習した行動をいつ使用したらよいのか，わからないことも多いです。そのため，日常生活に近い環境を設定し，練習した行動ができるように，プロンプトを与えます。また，家で，ホームワークとして練習することで，定着を促します。

2　自己紹介をする──人との距離感をつかめばスムース

　新学期，新しいクラスの始まりです。今まで，遊んだり，話したりしたことがない友達とクラスメイトになりました。このような環境の変化があるとき，子どもの行動を注意深く観察してみましょう。クラスメイトのなかには，時間が経つと慣れてきて，友達との関わり方に問題がなくなる場合もあります。しかし，"ちょっと気になる子"の場合，慣れてきても，なかなか行動が変わらず，周囲から不満が漏れてきたり，少し距離を置かれてしまったりする場合があります。もしくは，"ちょっと気になる子"が，家で「学校が楽しくない」と訴えたりします。その"ちょっと気になる子"は，どんな行動のレパートリーを身につける必要があるでしょうか。グイオシちゃんやスルーくんの例を見て考えてみましょう。

　トレーニングする言葉は，設定した状況に合う言葉であれば，変更してかまいません。子どもにぴったりのセリフを入れましょう。ただし，まずは本書のようなひとつの言葉を教え，形をつくります。その後，いろいろなバリエーションの言葉を使えるようにステップを進め，発展させることも可能です。

グイオシちゃんの場合

トレーニング前

　新しいクラスになり，グイオシちゃんはとても興奮しています。「みんなどんな人だろう？　いろいろお話ししたい！」と張り切っています。

グイオシちゃん　「私，グイオシっていうの。よろしくね。『ジュエルアニマル』が好きでね，お家にゲームもあるんだよ」

りこちゃん　「そーなんだ！」

グイオシちゃん　（ほかの友達を見つけて）「あっ，私，グイオシっていうの。あなた，名前はなんていうの？」

みうちゃん　「私は，みうっていうの」

グイオシちゃん　「そーなんだ！」（「あっ」と言って，また違う友達に話しかける）

トレーニング後

　新しいクラスになり，グイオシちゃんはとても興奮しています。「みんなどんな人だろう？　いろいろお話ししたい！」と張り切っていますが，「自己紹介は上手にしなくちゃ」と意識しています。

グイオシちゃん　「私，グイオシっていうの。前は3組だったの。よろしくね。あなたは？」

りこちゃん　「そーなんだ！　私は，前は2組だったの。りこって呼んで」

グイオシちゃん　「うんわかった，りこちゃんね。私は『ジュエルアニマル』が好きなの」

りこちゃん　「私ね，『はしっコぐらし』のキャラクターが好きで，鉛筆もそうなの」

グイオシちゃん　「かわいいね」

みうちゃん　「えー，どれどれ？　はしっコ，かわいいよね！」

グイオシちゃん　「あら，あなたはお名前なんていうの？」

グイオシちゃんは，初対面でも友達との距離が近く，自分のことをたくさん話してしまいます。グイオシちゃんに話を聞いてみると，「知らないお友達がいて，うれしくなっちゃった。私のお話を聞いてくれるし，たくさんお話がしたい」と言っています。初対面の日には，不快な思いをしなかったクラスメイトも，このようなことが続けば，「距離が近いな」「また，自分のことばかり話している」という気持ちになっていきます。

(1) インストラクション

グイオシちゃんは，初対面の人たちがどのような気持ちになるのか学びました。グイオシちゃんは，「私は，わくわくするけど，知らない人や慣れない人同士だと，緊張したり不安に思う人がいたりするんだ」と感じたようです。

(2) モデリング

指導者がモデルを見せてくれました。グイオシちゃんは，「そうか，私は自分の名前を言って，すぐに自分の話をしていた。初対面では，相手が不安に思っていることがあるから，私の話ばかりたくさんしても良くないのね。まずは，しっかり相手を見て，自己紹介をして，相手も自己紹介できるように，話を聞いてみなくちゃいけないのね」と言っていました。

(3) 行動リハーサル＆フィードバック

グイオシちゃんは，グループ内で積極的にリハーサルを練習して，支援者に，「声の大きさを調節して，相手の目を見ている。相手にも紹介しやすいように促している」ことを褒められ，自信がついたようです。

(4) 定着化

トレーニング場面ではできていても，実際のクラスになると，なかなか実行できないものです。そこで，ゲームを通して，日常場面に近づけることで，自然とスキルが発揮できるように支援します。インタビューゲーム（p.27参照）を通して，上手な自己紹介の仕方を用いて，友達とのコミュニケーションを楽しみました。

スルーくんの場合

トレーニング前

　今日から新しいクラスです。朝の会が始まる前に，新しいクラスメイトは，お話をしています。

スルーくん　（自分の席に座っている）
さとるくんと，こうたくんと，けんじくんが向かい合っています。
さとるくん　「（スルーくんの席の後ろのほうで）オレ，さとるっていうんだ。前は1組だった」
こうたくん　「おお，さとるってサッカーやってなかった？　オレ，こうた」
けんじくん　「オレ，けんじ。前は，3組だった」
さとるくん　「サッカーやってる，やってる。ゆうたもやってるよ。おーい，ゆうた～」
（会話はつづく）

トレーニング後

　今日から新しいクラスです。朝の会が始まる前に，新しいクラスメイトは，お話をしています。スルーくんは，自己紹介の上手なやり方を練習したので，「今日は，自己紹介をしてみよう」と考えています。

スルーくん　（自分の席から立ち，タイミングを見計らっている）
さとるくんと，こうたくんと，けんじくんが向かい合っています。
さとるくん　「オレ，さとるっていうんだ。前は1組だった」
こうたくん　「おお，さとるってサッカーやってなかった？　オレ，こうた」
けんじくん　「おれ，けんじ。前は，3組だった」
さとるくん　「サッカーやってる，やってる」
スルーくん　「オレ，スルー……」
けんじくん　「スルーもオレも3組だったよな～」
スルーくん　「うん！」
（会話はつづく）

　スルーくんの場合は，友達同士が話していることに少し興味はもっているものの，どのような行動をしたらよいのかわからず，ただ見ていることが多いようです。そもそも今まで自分から話しかけることはほとんどなく，友達に話しかける行動レパートリーをもっていませんでした。スルーくんは，友達と多く関わることを好んではいませんが，「関わってみたいな」「さみしいな」という気持ちはあるようです。さて，スルーくんはどのようにして，友達に話しかける行動レパートリーを身につけるのでしょうか。スルーくんは，初対面の人の気持ちや振る舞い方を学ぶために，ソーシャルスキル・トレーニングを受けました。

(1) インストラクション

　スルーくんは，初対面の人たちがどのような気持ちになるのか学びました。スルーくんは，「知らない人と話すのは得意じゃない」と感じたようです。「知らない人がどんな考え方をして，どのように動くのかわからない。自分に嫌なことをする人かもしれないので，信じられない」という気持ちになるようです。一方，初対面の場合，「どんな人かな？」と心配に思う人もいれば，新しい友達ができてうれしい人もいることを学びました。

(2) モデリング

　支援者がモデルを見せてくれました。スルーくんは，「そうか，何を言ったらいいのかわからなかったけど，まずは，自分の名前を周りの人に言えばいいんだ」と思いました。「まずは，相手に近づいて，相手の目を見て，相手に体を向けて，自分の名前を言ってみよう」と考えました。

(3) 行動リハーサル&フィードバック

　モデリングで，どのように自己紹介すればよいのか，わかりました。しかし，頭で理解していても，実際に行動して，練習してみないとできないことがあります。そこで，行動リハーサルを行いました。スルーくんは，グループ内で，発表の番になると，「ボクの名前は，○○です。好きな教科は，理科です」と言うことができました。スタッフに褒められて，「このやり方でいいんだ」と感じました。

(4) 定着化

　トレーニング場面ではできていても，実際のクラスでは，なかなか実行できないものです。そこで，ゲーム形式の自己紹介を行います。日常場面に近づけることで，自然とスキルを発揮できるように支援します。自己紹介をしたら，相手の持っている絵カードが見られるルールになっています。スルーくんの場合，相手から先に，自己紹介することが多いです。その流れで，相手が声をかけてくれて，自己紹介をすることができました。

支援計画①
上手に自己紹介をしよう

(1) 本セッションの目標

　初対面における人間関係の距離の取り方，求められる行動について学び，理解することをねらいとする。

(2) 獲得させたいスキル

　小グループで話を聞く，初対面の人の気持ちについて理解する，初対面の人に対して自分を表現する。

(3) 計画

	構　　成	ポイントと留意点
導入	1. はじまりのあいさつ 　• あいさつ 　• 今日の予定を紹介する 2. 先生の紹介 3. この教室のめあてを知る（p.16参照） 4. ルール説明（p17参照） 　• してもいいことと，してはいけないこと 　• 4つの場面 　• 声の大きさ <div align="right">所要時間：10分</div>	• ルールを紹介する。ルールはなぜ決める必要があるのか……みんなが嫌な思いをせず，気持ちよくこの教室に参加できるために，決めていることを整理する。
展開（前半）	5. 本セッションのめあて「上手に自己紹介をしよう」を紹介する （1）インストラクション （2）モデリング 　下記の例のように，悪い例と良い例を提示する。自己紹介は，なぜする必要があるのか。メリットやデメリットを話し合い，自らがスキルを用いたいときに使えるために，ここで練習しておくことを伝える。	•「上手な自己紹介」とは，どのようにすればよいかについて，子どもと考え，ワークシート1-2に記載してもらう。 • 2つの例をみて，どちらがよかったか，具体的にどこが違っていたのかを探し，ワークシート1-3に記載してもらう。言葉だけでなく，行動の違いにも焦点をあてる。 •「上手な自己紹介」に必要な言葉と行動をポイントとして整理する。

	構　成	ポイントと留意点
展開（前半）	●モデルの提示1 【悪い例】T2：下を向き，参加児童のほうに体を向けず，小さな声で「私の名前は，○○です。よろしくおねがいします」と言う。 【良い例】T1：参加児童のほうを見て，体を向け，聞こえる声で「私の名前は，○○です。よろしくおねがいします」と言う。 所要時間：20分	上手な自己紹介のしかたのポイント **ことばのポイント** わたしの名まえは「　」です 「　」年生です よろしくおねがいします **からだのポイント** あいてのほうを みる あいてに からだを むける みんなに きこえる こえではなす
展開（後半）	(3) 行動リハーサル＆フィードバック 所要時間：15分	• 参加児童を2〜4人のグループに分け，ロールプレイを行う。具体的に良かったところを伝え，褒める（フィードバック）。褒める際の工夫として，グループの児童に良かったところを聞き，児童に賞賛してもらう。<u>子どもから肯定的なコメントが出たら，受容し，ロールプレイをした相手に直接伝えてもらうようにすると，子ども同士のコミュニケーションを促せる。</u> • もし，子どもから否定的なコメントが出た場合，その場で否定せずに，そのように感じたことを肯定し，ロールプレイをした相手にできたことを強調しながら伝える（否定的なコメントをした児童に過剰な注目が向かないようにする）。 • ロールプレイをしたスタッフがどんな気持ちになったか伝え，スキルを実行するメリットを理解できるように促す。リハーサルが終わったら，みんなの前で発表する。 • 自己紹介ができていたら，<u>良かった点をポイントに沿って褒める。ポイント以外（優しい表情だったなど）についても褒める。</u>

構　成	ポイントと留意点
展開（後半） 6.　インタビューゲーム（定着化） 所要時間：20〜30分	インタビューゲームの説明を行う。 ①先生からカードをもらう 　「カードには，絵が半分描かれています。ぴったり合うように，もう半分の絵をもっている人を探しましょう」 ②先生の言葉を待つ 　「「インタビューをはじめてください」と言われたら，席から立ち，インタビューを始めてください」 ③友達への聴き方 　1.　自己紹介をします 　2.　友達のもっているカードを聞きます ④半分の絵をもっている友達を見つけた 　「2人でいっしょに前にいる先生のところに来てください」
まとめ 7.　ふりかえり 8.　おわりのあいさつ 所要時間：10分	**ワークシート1-4を配布し，記入してもらう。** • 自己評価で◎を付けていたら，「できていたね」と褒める。 • 自己評価を低く付けている場合は，「先生は上手にできていたと思うよ」と伝えるが，あくまで自分の評価で記載し，修正まではさせない。 • スタッフはふりかえりカードに参加児童の良かった点を記載し，発表する。 • おわりのあいさつをする。

3　上手に話を聞く──聞き上手は会話上手

　"ちょっと気になる子"の多くは,「上手に話を聞く」ということが苦手です。教室内では,クラスメイトの声かけへの反応が薄いと感じることがあります。もしくは,一方的に話しすぎてしまって,うまくいかないこともあります。このような場合,一方的に話をすることを注意して変えていくよりも,「上手に話を聞く」という行動のレパートリーを獲得すると,うまくいくことがあります。クラスメイトが遊んでいる輪のなかに入っていくことができても,協調的に遊べないために,最終的には輪のなかに入れてもらえなくなるパターンもあります。この"上手に話を聞く"というソーシャルスキルは,関係を維持するために重要な役割を果たします。

　トレーニングする言葉は,設定した状況に合う言葉であれば,変更してかまいません。子どもにぴったりのセリフを入れましょう。ただし,まずは本書のようなひとつの言葉を教え,形をつくります。その後,いろいろなバリエーションの言葉を使えるようにステップを進め,発展させることも可能です。

ベタオドくんの場合

トレーニング前

　朝，教室に入る前にケンジくんから話しかけられました。

　ケンジくん　「昨日テレビでやってた『妖怪キング』見た？」
ベタオドくん　「……（「妖怪キング」，知っているけど見てないな）」
　ケンジくん　（答えない様子を見て教室に入ってしまう）

トレーニング後

　朝，教室に入る前にケンジくんから話しかけられました。

　ケンジくん　「昨日テレビでやってた『妖怪キング』見た？」
ベタオドくん　「（「妖怪キング」，知っているけど見てないな）見てないんだ。ケンジくんは？」
　ケンジくん　「見たよ。大魔王が出てきてさ」
ベタオドくん　「へー，そうなんだ」
（会話はつづく）

ベタオドくんは，話しかけられると，どう答えたらよいかわからず，返事ができないことが多いようです。あまり話さないベタオドくんに対し，クラスメイトが話しかけることが減っていきます。ベタオドくんは，友達とたくさん関わることが好きではないのですが，あまり話しかけられないと，「さみしいな」と感じているようです。でも，クラスメイトに話しかけられても，「話しかけられているけど，どうしよう」と思っているうち，時間が経ち，話しかけた友達が去っていってしまいます。

（1）インストラクション

話しかけてきたクラスメイトの気持ちについて考えてみました。ベタオドくんは，話しかけられたときに，「どうしたらいいのだろう」と考えるばかりで，話しかけてきた相手の気持ちについて考えたことがありませんでした。「そうか，相手の聞いたことに答えたり，相手を見たりすることで，相手は，うれしい気持ちになるんだ」と思いました。

（2）モデリング

支援スタッフがモデルを見せてくれました。ベタオドくんは，「まずは，相手の聞いていることに答える，相手のほうを見る，というのをしっかりやればいいのか」と思いました。

（3）行動リハーサル＆フィードバック

モデリングで，どのようにすれば「上手な話の聞き方」ができるかについて学びました。でも，実際に行動リハーサルをしてみると，「なんて答えたらいいかな」と考えてしまい，なかなか相手の聞いたことに答えられません。数回練習してみたり，少し時間をかけると，相手の聞いたことに答えることができました。スタッフに褒められ，同じグループの人に，「相手の聞いたことに答えることができていました」と言われて，「これでいいんだ」と，うれしい気持ちになりました。

（4）定着化

「わたしはだれでしょうゲーム」（pp.34-35参照）を通して，ベタオドくんは，みんなと関わることができました。また，聞かれたことにも答えることができて，「学校でもできるといいな」と思いました。

コダワリくんの場合

トレーニング前

　休み時間，コダワリくんが本を読んでいました。前の席のはるきくんが話しかけてきました。

　　はるきくん　　「『モンスターバスター』のホワイト持ってる？」
コダワリくん　　「(本を読んだまま) 持ってないよ。ブラックなら持っているけど」
　　はるきくん　　「そうなんだ，ホワイトとブラックはどう違うんだろうね？」
コダワリくん　　「(本を読んだまま) ああ，えっと，たしか，最後に出てくるラスボスが違うんだよ」
　　はるきくん　　「……ふーん，そうなんだ」(少し困った表情をしている)

トレーニング後

　休み時間，コダワリくんが本を読んでいました。前の席のはるきくんが話しかけてきました。

　　はるきくん　　「『モンスターバスター』のホワイト持ってる？」
コダワリくん　　「(本を閉じて，相手のほうを見て) 持ってないよ。ブラックなら持っているけど」
　　はるきくん　　「そうなんだ，ホワイトとブラックはどう違うんだろうね？」
コダワリくん　　「(相手の目を見て) ああ，えっと，たしか，最後に出てくるラスボスが違うんだよ」
　　はるきくん　　「ふーん，そうなんだ。ブラックもやってみたいな」(楽しそうな表情で話している)

コダワリくんは，大好きな本を読みはじめるとかなり集中してしまい，話しかけられても，本から目を離せずに答えていることが多いようです。クラスメイトは，しだいにコダワリくんに話しかけなくなっているようです。コダワリくんは，話しかけられたときの対応の仕方に問題があるとは気づいていません。コダワリくんは，一人で本を読む時間も大好きですが，好きなことを話す友達も欲しいと思っています。さて，コダワリくんはどのようにして，話しかけられたときの行動レパートリーを身につけたらよいでしょう。話しかけられたときの聞き方を学ぶために，ソーシャルスキル・トレーニングを受けました。

(1) インストラクション

コダワリくんは，話しかけた相手の気持ちを考えてみました。コダワリくんは，「話しかけているのに，相手が自分のほうを見ないで何かしていると，自分の話を聞いてくれていないように感じるんだ」と思いました。一方で，「話しかけられたときに，僕はちゃんと答えているけど，答えるだけじゃダメなんだ」ということにも気がつきました。

(2) モデリング

支援スタッフがモデルを見せました。保護者に「話すときは相手の目を見るように」と言われていたのですが，いつやればいいのかわからず，「聞いたことに答えているから，いいじゃないか」と思っていました。コダワリくんは，「やっていることを中断したり，相手の目を見たりしたほうが，話を聞いていると感じやすいんだ」と学びました。

(3) 行動リハーサル＆フィードバック

コダワリくんに，はじめは本を読んでもらい，その後，スタッフが声をかける行動リハーサルを行うことにしました。集中すると，いつ“上手な聞き方”をすればよいかわからなくなるからです。コダワリくんの今ハマっている将棋の本を使ってチャレンジしてみました。意識すると“今だ”と気づくことができました。ニコニコした笑顔で，聞いたことに答えられて，その後の会話も続けることができました。コダワリくんは，スタッフやグループの人から，「あいづちがとても上手だった」と褒められました。

(4) 定着化

ゲームに好きなキャラクターが出ていたので，コダワリくんは，とても興奮しています。思わず，そのキャラクターについて一方的に話してしまいそうでした。そこで立ち止まって，積極的に挙手をして，グループの友達に自分が話したいことのヒントを挙げることができました。話を聞く役が回ってきても，積極的に答えて，話すことができました。コダワリくんは，“今だ”と気づけば，実行できるようになりました。

支援計画②
上手に話を聞こう

(1) 本セッションの目標

話しかけた相手の気持ちを考え，どのような話の聞き方がよいか理解する。

(2) 獲得させたいスキル

小グループで活動する（友達のペースに合わせて，待つことができる），話しかけた相手の気持ちを考える，話しかけられたときの反応の仕方を学ぶ。

(3) 計画

<table>
<tr><th colspan="2">構　　成</th><th>ポイントと留意点</th></tr>
<tr><td rowspan="2">導入</td><td>1. はじまりのあいさつ
　• あいさつ
　• 今日の予定を紹介する

2. ルール説明（p.17参照）
　• してもいいことと，してはいけないこと
　• 4つの場面
　• 声の大きさ
 所要時間：5分 </td><td>

• 「ルールは覚えているかな？」などと声をかけるが，<u>ヒントを出しつつ参加児童に答えてもらうようにする</u>。</td></tr>
<tr></tr>
<tr><td rowspan="2">展　開（前半）</td><td>3. 本セッションのめあて「上手に話を聞こう」を紹介する
（1）インストラクション

（2）モデリング
　下記の例のように，悪い例と良い例を提示し，なぜ上手に話を聞く必要があるのか，メリットやデメリットを話し合う。自らが用いたいときにスキルを使えるように，ここで練習しておくことを伝える。</td><td>• なぜ，上手に話を聞く必要があるのか考えてもらう。
　<u>上手に相手の話を聞かない場合，相手がどう感じるか</u>について考え，**ワークシート1-5**に記載してもらう（選択肢たんざくシールを使用）。

• 2つの例をみて，どちらが良かったか，具体的にどこが違っていたのかを探し，参加児童に**ワークシート1-6**に記載してもらう。言葉だけでなく，行動の違いにも焦点をあてる。2つの例の違いについて，発表を通して，「上手な話の聞き方」に必要な<u>言葉</u>と<u>行動</u>のポイントを整理する。</td></tr>
<tr></tr>
</table>

	構　成	ポイントと留意点
展開（前半）	【場面】学校に行く途中，T1がT2に近づき，声をかける。T2は，本を読みながら歩いている。 【悪い例】T1：「おはよう，きのうさ，テレビでやってたお笑い見た？」。T2：本を読みながら，「見てない」と小声で言う。T1：「ねえ，聞いてるの？」。T2：本を見たまま，「うん，聞いてるよ」と答える。 【良い例】T1：「おはよう，きのうさ，テレビでやってたお笑い見た？」。T2：本を読むのを止め，T1のほうに体を向け，目を見て，「おはよう。昨日，テレビ見てないんだ」。T1：「昨日，○○やってたよ」。T2：T1のほうに体を向け，目を見て，「へー」と言う。 所要時間：20分	**上手な話の聞き方のポイント** （表） ことばのポイント：あいての きいたことにこたえる「みたよ」「きいたよ」 からだのポイント：あいてのほうを みる／あいてに からだを むける／みんなに きこえる こえではなす／「うん」「へー」とうなずく
展開（後半）	(3) 行動リハーサル＆フィードバック 所要時間：15分 4. わたしはだれでしょうゲーム	・参加児童を2〜4人のグループに分け，ロールプレイを行う。具体的に良かったところを伝え，褒める（フィードバック）。褒める際の工夫として，グループの児童に良かったところを聞き，児童に賞賛してもらう。<u>ロールプレイをしたスタッフがどんな気持ちになったか伝え，スキルを実行することのメリットを理解できるように促す。</u>リハーサルが終わったら，みんなの前で発表する。 ・参加児童にも発表者の「良かったところ」を発表してもらう。 ・掲示物を用意し，ゲームの説明を行う。 ①みんなのなかから一人，前に出てきます。 ②前に出てきた人に見えないように，先生がみんなにカードを見せます。 ③みんなは，前に出ている人にヒントを教えてあげます。一人ずつ，前に出てきて，ヒントを教えてあげましょう。

	構　成	ポイントと留意点
展開（後半）	所要時間：20〜30分	④前に出ている人は，上手にみんなのヒントを聞きましょう。 ⑤みんなのヒントから，なりきっているものをあてましょう。 「○○さん」「あなたは，みどり色です」「こたえがわかりましたか」 「わたしは△△ですか」
まとめ	5．ふりかえり	ワークシート1-7を配布し，記入してもらう。 • スタッフとふりかえりを行う。「ホントに，○○のとき，上手にできていたよね」と具体的に例を挙げて，褒める。 • できていたのに，過小評価している場合は，無理に変更はさせないが，「先生はとても上手にできていたと思うよ」と伝える。 • ホームワークの説明を行う。 • スタッフは，参加児童の良かったところをふりかえりカードに記載し，発表する。
	6．おわりのあいさつ 所要時間：10分	• おわりのあいさつをする。

4 相手の気持ちを考えて話を聞く──あいづちのパターンを増やして最強に

　「相手の気持ちを理解して，共感する」ということは，"ちょっと気になる子"にとって，とても難しいことのように感じられます。しかし，私たちも真に相手の気持ちを理解できているわけではありません。相手の人生や状況をまったく同じように経験したことがないので，あくまで「想像」のなかで相手の気持ちを想定して話を聞きます。つまり，「相手の気持ち」の詳細を真に理解できなくても，共感的な言葉かけができます。さて，今回は共感的な言葉かけの練習を行います。前回のソーシャルスキル・トレーニングで「上手な話の聞き方」を練習しました。その「上手な話の聞き方」にあいづちのレパートリーを増やすことによって，より共感的に話を聞くことができます。スルーくんやグイオシちゃんの例を見て考えてみましょう。

　トレーニングする言葉は，設定した状況に合う言葉であれば，変更してかまいません。子どもにぴったりのセリフを入れましょう。ただし，まずは本書のようなひとつの言葉を教え，形をつくります。その後，いろいろなバリエーションの言葉を使えるようにステップを進め，発展させることも可能です。

スルーくんの場合

トレーニング前

　朝，教室の前の廊下でマサキくんに話しかけられました。

マサキくん　「今日の体育，マラソンの練習だよな。オレ，やりたくないよ」
スルーくん　「……（僕も嫌だな）」
マサキくん　（答えない様子を見て教室に入ってしまう）

トレーニング後

　朝，教室の前の廊下でマサキくんに話しかけられました。

マサキくん　「今日の体育，マラソンの練習だよな。オレ，やりたくないよ」
スルーくん　「う～ん，それは嫌だね。僕も嫌だよ」
マサキくん　「だよな！　走るだけなんて，嫌だよな。あー，ドッジボールしたいな」

スルーくんは，友達に話しかけられて，「何か困ってそうだけど，何に困っているのだろう？　僕に何を求めているのかわからないな」と感じていました。話しかけられたとき，返事ができないことが多いようです。どうしようかと考えているうちに，時間が経ち，話しかけた友達が去っていきます。

（1）インストラクション

　話しかけてきた友達の気持ちについて考えてみました。スルーくんが一番よくわからなかったのは，「何だか困ってそう」に話をしてくる友達が，自分に「何を求めているのか」でした。インストラクションを受けたスルーくんは，友達には「話を聞いてほしい」や「嫌な気持ちを聞いてほしい」という考えがあることに気がつきました。そして，「そうか，相手が話していることを聞いて，相手の気持ちに合わせた声かけをすると，相手は気持ちが落ち着くんだ」と思いました。

（2）モデリング

　スルーくんは，「まずは，相手が嫌な気持ちなのか，うれしい気持ちなのかを考え，その気持ちに合わせてあいづちをすればいいのか」と支援スタッフを見て思いました。

（3）行動リハーサル＆フィードバック

　実際に行動リハーサルをしてみると，「なんて答えたらいいかな？」と考え込んでしまいましたが，ホワイトボードのポイントを見ながら試みると，「それは嫌だね」と言うことができました。スタッフや同じグループの人に褒められて，とてもうれしい経験をしました。

（4）定着化

　ゲームでは，保護者の話を聞きました。相手が保護者なら慣れているので，「それは良かったね」とスムーズに声をかけることができました。スタッフに促され，話を聞いてもらってどんな気持ちがしたのか，保護者は，スルーくんに伝えました。"気持ちが軽くなった"と保護者に言われて，スルーくんもうれしくなりました。スルーくんは，ほかの保護者の話も聞いて，「相手の気持ちを考えて話を聞く」と相手がうれしくなったり，すっきりしたり，また話したいと思うということを学びました。

グイオシちゃんの場合

トレーニング前

　学校から帰るとき，グイオシちゃんは，ななちゃんに話しかけられました。

　　な　なちゃん　「はー……今日は，塾の日なんだよね。行きたくないな」
　グイオシちゃん　「えー，私，塾大好きなの。私の行っているところはね，駅から
　　　　　　　　　少し遠くて，私，遅れそうになると，いつもダッシュで走って
　　　　　　　　　るの。この前もねぇ，駅の前に友達がいたからしゃべってたら
　　　　　　　　　……」
　　ななちゃん　「そーなんだ……じゃあね」

トレーニング後

　学校から帰るとき，グイオシちゃんは，ななちゃんに話しかけられました。

　　ななちゃん　「はー……今日は，塾の日なんだよね。行きたくないな」
　グイオシちゃん　「そっかぁ，今日は塾の日なんだね。どんな先生なの？」
　　ななちゃん　「男の先生で，怖くはないんだけど，あまり褒めてくれないの
　　　　　　　　よね」
　グイオシちゃん　「そうなの？　それは，嫌だね」
　　ななちゃん　「そうなのよ。グイオシちゃんは，塾行ってる？」
（会話はつづく）

グイオシちゃんは，話しかけられるとうれしくて，一方的に自分の話をしてしまいます。友達が塾の話をしていたので，自分の塾の話をしたら，なぜか友達が去っていきます。「私の塾の話，もっとしたかったんだけどな。とっても楽しい塾なのに」と思いました。最近は，自分から話しかけても，相手がいい顔をしなかったり，少し避けられているような気がします。そこで，相手が嫌だと思っていることを話しているとき，どのように話を聞けばよいのかについて学びました。

(1) インストラクション

グイオシちゃんは，インストラクションを聞いて，「友達が，てつぼうができない話をしたり，体育のてつぼうの時間が嫌な気持ちを伝えているのに，自分はてつぼうができる話をしたら，自慢しているみたいだ」と感じました。相手が嫌だと思っている話をしているときに，自分がうれしいと思っている話をしたら，相手が嫌な思いをする，ということに気がつきました。

(2) モデリング

スタッフがモデルを見せてくれました。「そうか，難しいな。相手が話しかけてきたときから，相手が嫌だと思っている話をしているのか，良い話をしているのか考えながら話を聞かないといけないんだ」と思いました。これからは，まずは，相手が嫌な気持ちになっているのか，良い気持ちでいるのかを考えて，合わせて話をしてみようと考えています。

(3) 行動リハーサル＆フィードバック

グイオシちゃんは，グループで行動リハーサルを行いました。「てつぼうが苦手な話」をしていたスタッフには，「そっか，私も苦手」「体育は嫌だけど，できるようになったらうれしいな」と話しました。「バスケが苦手」というグループの友達の話では，「そっか，それは嫌だね」とあいづちを返すことができました。そして，「ドリブルを一緒に練習しようよ」と伝えることができました。グイオシちゃんは，スタッフやグループの人から，「自分が得意なことでも，自分の話をせずに相手の話を聞いて，あいづちが打てていたところがすごい」と褒められて，とてもうれしそうにしています。

(4) 定着化

リハーサルで自信がついたグイオシちゃんは，保護者や別の参加者の保護者の話を聞いて，一生懸命考えて，あいづちを打ちました。少し演技的に見えることもありますが，表情も合わせられました。グイオシちゃんに話を聞いてもらった保護者たちが，「そういうふうに言ってもらえて，とってもすっきりしたわ」と言ったので，グイオシちゃんはうれしそうです。

支援計画③
相手の気持ちを考えて話を聞こう

（1）本セッションの目標

　相手の話の内容に合わせて，どのようなあいづちを打てばよいか理解する。

（2）獲得させたいスキル

　話しかけた相手の気持ちについて，嫌だと思っていることを話しているのか，うれしいと思っていることを話しているのか理解する／相手の気持ちに合わせたあいづちの仕方を学ぶ。

（3）計画

	構　成	ポイントと留意点
導入	1. はじまりのあいさつ 　• あいさつ 　• 今日の予定を紹介する 2. ルール説明（p.17参照） 　• してもいいことと，してはいけないこと 　• 4つの場面 　• 声の大きさ 　　　　　　　　　所要時間：5分	• <u>徐々に参加児童に答えてもらえるように，少しずつ発言をしてもらうようにする。</u>
展開（前半）	3. 本セッションのめあて「相手の気持ちを考えて話を聞こう」を紹介する （1）インストラクション （2）モデリング 　下記の例のように，悪い例と良い例を提示する。	• なぜ「相手の気持ちを考えて話を聞く」必要があるか，そうしないと"相手がどう感じるか"というところから考える。**ワークシート1-8**を使用する。 • なぜ，相手の気持ちを考えた話の聞き方をする必要があるのか，メリットやデメリットを話し合い，**ワークシート1-9**に記載する。

構　成	ポイントと留意点

展開（前半）

【場面】学校に行く途中に，T1がT2に近づき，声をかける。
【悪い例】T1：「おはよう，今日の体育，てつぼうだったよね。私できないから嫌だな」。T2：T1を見て，「えー，私，てつぼう大好き‼ だって，逆上がりも前回りもできるんだもん」と言う。T1：「T2はてつぼうできるからいいよね」と言い，困ったような表情をする。

所要時間：20分

相手の気持ちを考えた話の聞き方のポイント

かんがえるポイント	あいてのきもちをかんがえる（いやなきもち・いいきもち）
ことばのポイント	そっか へー
	それは いやだね（よかったね）
からだのポイント	あいての目を みる
	あいてに 体を むける
	あいてに きこえる こえではなす

展開（後半）

【場面】学校に行く途中で，T1がT2に近づき，声をかける。T2は，本を読みながら歩いている。
【良い例】T1：「おはよう，今日の体育，てつぼうだったよね，私できないから嫌だな」。T2：T1を見て，「そっか，今日の体育てつぼうだったよね」と言う。T1：「そうなの，私，逆上がりも前回りもできないから，体育やりたくないな」と言う。T1：「それは，嫌だね」「私は，逆上がりと前回りできるようになったよ」「教えてあげようか」。T2：「本当？　よかった！」とうれしそうな表情をする。

（3）行動リハーサル＆フィードバック

所要時間：15分

4.　まほうのことばゲーム

所要時間：30～40分

• 参加児童を2～4人のグループに分け，行動リハーサルを行う。リハーサルを行ってみて，良かった点などを他の児童に尋ね，良いところを褒める。

• 掲示物を読み上げ，ゲームの説明を行う。
　①みなさんは，魔法の言葉をかける人になります。
　②お母さん，お父さんに，困ったこと，うれしかったことを考えてもらい，話してもらいます。
　③みなさんは，相手の気持ちを考えて話を聞きましょう。
　　　それは，嫌だったね／それは，大変だったね／それは，よかったね
　④ほかのお母さん，お父さんにも魔法の言葉をかけよう。
　⑤お母さん，お父さんに感想を聞きましょう。

• 話を聞いてもらった人が，とてもうれしい気持ちや救われた気持ちになることを経験する。

構　成	ポイントと留意点
まとめ	5. ふりかえり	• スタッフとともにふりかえりを行う。○○をしていたら，「ホントに，○○のとき，<u>上手にできていたよね</u>」と具体的な例を挙げて，褒める（**ワークシート1-10**）。 • できていたのに過小評価している場合は，無理に変更はさせず，「先生はとても上手にできていたと思うよ」と伝える。 • ホームワークの説明を行う。 • スタッフは，参加児童の良かったところについて，**ふりかえりカード**に記載し，発表する。
	6. おわりのあいさつ 　　　　　　　　所要時間：5分	• おわりのあいさつをする。

5　あたたかい言葉をかける──励まし上手は仲間を増やす

　クラスでは，クラスメイトが困っていたり，先生がいないなかで少し騒動になるという状況があります。"ちょっと気になる子"は，そのような状況のときに，どんな行動をしているのでしょうか。たいていのクラスメイトは，その状況に気づいたり，どうにかしようとすることが多いですが，"ちょっと気になる子"は，そういった周囲の状況に気づいていなかったり，見ても何もしなかったりします。また，騒動に関わるものの，問題をさらに悪化させてしまう場合もあります。「あたたかい言葉をかける」という行動レパートリーを身につけると，どのように変わるでしょうか。ベタオドくんやコダワリくんの例を見て考えてみましょう。

　トレーニングする言葉は，設定した状況に合う言葉であれば，変更してかまいません。子どもにぴったりのセリフを入れましょう。ただし，まずは本書のようなひとつの言葉を教え，形をつくります。その後，いろいろなバリエーションの言葉を使えるようにステップを進め，発展させることも可能です。

ベタオドくんの場合

ベタオドくんは，給食のお皿を落として困っているクラスメイトを見ました。いつもは「話しかけられているわけじゃないから，何もしなくてもいい」と，周囲で起こっていることに関心を示すことはありません。ただ，このときは「何か困ってそうだ」と感じていました。クラスメイトも，そのようなベタオドくんを見て，注意することはありません。しかし，「目の前で困っている人がいるのに何も言わないんだ」と感じている友達はいるようです。

(1) インストラクション

ベタオドくんは，直接自分が話しかけられていない場合に，「何かしなくてはいけない」という気持ちになりません。インストラクションを受けると，「ただ見ているだけでも，冷たい人，しらんぷりしていると思われたりするんだ」ということがわかりました。そして，「自分に話しかけられていないからといって，ただ見ているだけでは良くないんだ」と思いました。

(2) モデリング

スタッフがモデルを見せてくれました。ベタオドくんは，「どうしたの？」と，声をかけるだけならできそうだと思いました。

(3) 行動リハーサル＆フィードバック

ベタオドくんは，まず，「どうしたの？」と声をかけてみました。すると，「お皿を落としてしまって……どうしよう」と相手が言いました。そこで，「洗えば大丈夫だよ」と解決策を提案してみました。クラスメイト役のスタッフが，少し元気が出たように感じたので，ベタオドくんにそのことを伝えました。ベタオドくんは，「あたたかい言葉をかけることができれば，相手はうれしい気持ちになったり，感謝の気持ちが出てきたりするんだ」ということに気がつきました。

(4) 定着化

ゲームでは，クラスメイトが困っているいろいろな場面が出てきました。ベタオドくんは，どうしたらよいかわからなかったのですが，まず，「どうしたの？」と聞いてみることにしました。相手が話していることに沿って，「また練習すれば大丈夫だよ」と声をかけることができました。ベタオドくんは，声をかけることができて，自信がついたようです。

コダワリくんの場合

トレーニング前

給食の準備をする時間，たけるくんがお皿を落としてしまいました。

たけるくん　「どうしよう……」
コダワリくん　「お皿を落としてしまっては，給食を食べる時間が遅れてしまいますね。仮に，洗いに行ったとしても，濡れたお皿は嫌ですね」
たけるくん　「……」（悲しそうな顔をしている）

トレーニング後

給食の準備をする時間，たけるくんがお皿を落としてしまいました。

たけるくん　「どうしよう……」
コダワリくん　「お皿を洗えば給食は食べられます」
たけるくん　「そうだね（ほっとした顔をしている）」
コダワリくん　「お皿は濡れてしまいますが，先生に相談しましょう。一緒に洗いますから」
たけるくん　「わかった。ありがとう」

コダワリくんは，スケジュール通りではないと，イライラしてしまいます。あるとき，給食のお皿を落としたクラスメイトがいました。スケジュールが遅れてしまうという"現状を伝える"ことをしました。コダワリくんは，"現状を伝えた"だけで，問題をさらに難しくさせていることに気がついていません。お皿を落としたクラスメイトは，さらに傷ついて，とうとう泣き出してしまいました。コダワリくんは，「なんで泣くの??」と，どうしたらよいかわからない様子です。コダワリくんは，どのようなことをどう学べばよいのでしょうか。

(1) インストラクション

コダワリくんは，インストラクションを聞いて，「時間のことが気になって，それを相手に伝える」ことは，相手を責めることだと気がつきました。「(お皿を割って)どうするんだよ」と友達に言われたクラスメイトは，さらに時間が遅れることを伝えられると，「追い込まれた」気持ちになるんだと思いました。「時間が気になったから言ってしまったけど，まずは，相手の気持ちを考えて言葉をかけることが必要なんだ」と感じました。

(2) モデリング

「そうか，難しいな。この場合だと，お皿を落としている現状があるから，洗わないと給食は食べられない。まずは，洗うとよいという解決策を伝えてみよう」と思いました。「給食の時間が遅れてしまうことが気になるけど，それを伝えてもあまり良いことはないんだ」と考えました。

(3) 行動リハーサル＆フィードバック

コダワリくんが，「お皿を洗えば給食は食べられるよ」とハキハキ伝えたことで，お皿を落とした人がとても元気になる，という意見をもらいました。コダワリくんは，「現状を伝えているだけなのに，伝える内容が違うだけで，こんなにも相手の気持ちが違ってくるのか」と感じました。「現状を伝えるときは，内容を考えないといけないんだな」と感じました。

(4) 定着化

リハーサルでどういうことを言えばいいのかわかってきたコダワリくんは，ゲームでもいろいろ考えて，あたたかい言葉をかけてみました。リレーで抜かれてしまった友達に対して，「抜いた人が学年で一番早い」など，つい本当のことをそのまま言ってしまいそうになりました。しかし，本当のことでも，状況に合った内容を考えて，「困っている友達の良いところや解決策」を言うように心がけました。声をかけてもらったスタッフに，「はっきりと言ってくれるので自信がついた」と言われて，コダワリくんはうれしくなりました。

支援計画④

相手の気持ちを考えてあたたかい言葉をかけよう

（1）本セッションの目標

困っている友達がいた場合に，どのような行動をしたらよいのか理解する。

（2）獲得させたいスキル

困っている友達に言葉をかけることができる。

（3）計画

	構　成	ポイントと留意点
導入	1. はじまりのあいさつ • あいさつ • 今日の予定を紹介する 2. ルール説明（p.17参照） • してもいいことと，してはいけないこと • 4つの場面 • 声の大きさ <div align="right">所要時間：5分</div>	
展開（前半）	3. 本セッションのめあて「相手の気持ちを考えてあたたかい言葉をかけよう」を紹介する （1）インストラクション （2）モデリング	• 「相手の気持ちを考えてあたたかい言葉をかける」ためには，どのようにすればよいか，なぜ必要なのかについて子どもと考える（**ワークシート1-11**）。 • 次ページの3つの例をみて，どちらが良かったか，具体的にどこが違っていたのかを探し，**ワークシート1-12**に記載してもらう。言葉だけでなく，行動の違いにも焦点をあてる。3つの例の違いについて，発表を通して，「相手の気持ちを考えてあたたかい言葉をかける」ために必要な<u>言葉</u>と<u>行動</u>を整理する。

構　成	ポイントと留意点

展開（前半）

【場面】給食の準備中
【悪い例1】T1：給食のお皿を落としてしまう。T2：「わー，給食のお皿を落とした。みんな，給食が食べれないじゃん」。T3：「ほんとだ，お皿を落とした。給食が食べられない」。T1：困ったような悲しい顔をしている。T2：「どうするんだよ」。T3：「あーあ」。T1：今にも泣きそうな顔をしている。

所要時間：20分

相手の気持ちを考えたあたたかい言葉かけのポイント

かんがえる ポイント	あいてのきもちをかんがえる（いやなきもち・いいきもち）
ことばの ポイント	だいじょうぶ？
	○○すれば だいじょうぶ
からだの ポイント	あいての目を みる
	あいてに 体を むける
	あいてに きこえる こえではなす

展開（後半）

【場面】給食の準備中
【悪い例2】T1：給食のお皿を落としてしまう。T2：「わー，給食のお皿を落とした。みんな，給食が食べられないじゃん」。T3：近くでどうしたらよいかわからず見ている。T1：困ったような悲しい顔をしている。T2：「どうするんだよ」。T3：見ている。T1：「どうしよう」と言い，困った顔をしている。
【良い例】T1：給食のお皿を落としてしまう。T2：「わー，給食のお皿を落とした。みんな，給食が食べられないじゃん」。T3：「どうしたの」。T1：「お皿を落としちゃった，どうしよう」と言い，困ったような悲しい顔をしている。T2：「どうするんだよ」。T3：「お皿，洗えば大丈夫だよ。手伝ってあげるよ」。T1：「うん，ありがとう」と言い，うれしそうな顔をする（その後，学校に行く途中に，T1がT2に近づき，声をかける）。

(3) 行動リハーサル＆フィードバック	・参加児童を2〜4人のグループに分け，ロールプレイを行う。具体的に良かったところを伝え，褒める（フィードバック）。褒める際の工夫として，グループの児童に良かったところを聞き，児童に賞賛してもらう。ロールプレイをしたスタッフがどんな気持ちになったか伝え，スキルを実行することのメリットを理解できるように促す。リハーサルが終わったら，みんなの前で発表する。
所要時間：15分 4．なにがでるかなゲーム	・掲示物を読み上げ，ゲームの説明を行う。 ・場面には困っている人が登場する。スタッフがその困っている人になりきって，声をかけてもらう役となる。 ①一人ずつ，サイコロをふります。 ②カードには，1〜6の場面が書いてあります。

	構　成	ポイントと留意点
展開（後半）	所要時間：30〜40分	③出た目の数のカードの場面に沿って，あたたかい言葉かけをしてもらいます。みんなは，相手の気持ちを考えて声をかけましょう。 「だいじょうぶ」 「○○すればだいじょうぶだよ」 ④声をかけてもらった先生の気持ちが元気になったら，成功です!!
まとめ	5．ふりかえり 6．おわりのあいさつ 　　　　　所要時間：5分	・スタッフとともにふりかえりを行う（**ワークシート 1-13**）。○○をしていたら，「ホントに，○○のとき，上手にできていたよね」と具体的に例を挙げて，褒める。 ・できていたのに過小評価している場合は，無理に変更はさせず，「先生はとても上手にできていたと思うよ」と伝える。 ・ホームワークの説明を行う ・スタッフは，参加児童の良かったところをふりかえりカードに記載し，発表する。 ・おわりのあいさつをする。

第1節

1

ソーシャルスキル・トレーニング

51

6 上手な仲間の入り方——ここまでくれば，会話がはずむ

　友達が話していたり，遊んでいるところに入っていくということは，"ちょっと気になる子"が，非常に苦手なことです。さらに，仲間に入る友達と，良好な関係ができていない場合は，「なんで入ってくるの？」と思われて嫌な顔をされたり，断られたりします。そのため，これまで行ってきたソーシャルスキルが身についていることが重要です。「あの子，ちょっと変わっているけど，良いところもあるし」と周囲の友達に好意的に受け止めてもらえるために，ソーシャルスキルを獲得していきます。もし，仲間に入るための環境が良好でない場合は，"上手な仲間の入り方"を練習しても，そのスキルが継続しなくなるため，ここまで学んできたスキルを定着させるための復習をするほうがよいでしょう。

　トレーニングする言葉は，設定した状況に合う言葉であれば，変更してかまいません。子どもにぴったりのセリフを入れましょう。ただし，まずは本書のようなひとつの言葉を教え，形をつくります。その後，いろいろなバリエーションの言葉を使えるようにステップを進め，発展させることも可能です。

　ベタオドくんは、「妖怪キング」というゲームが大好きです。「妖怪キング」のゲームの話を、クラスメイトがしています。「それ知ってる」「教えてあげようかな」「僕も話したい」という気持ちがありましたが、どのように話しかけたらよいのかわかりません。最終的には友達に話しかけられずに、「僕の話はどうせ聞いてもらえない」と悲観的な気持ちになってしまいます。

（1）インストラクション

　インストラクションでは、話しかけられなかったベタオドくんの気持ちをみんなで考えました。「話しかけたかったな」「さみしい」などの意見が出ていました。ベタオドくんは、「僕の話はどうせ聞いてもらえない」と思っていました。しかし、みんなの意見を聞いてみると、「何か話しかけてみれば、聞いてもらえるのかもしれない」と感じました。

（2）モデリング

　ベタオドくんは、"まずは、相手に近づいて、タイミングを見計らって、「何の話してるの？」と言えばいいのか"と思いました。

（3）行動リハーサル＆フィードバック

　実際に行動リハーサルをしてみると、ドキドキして、うまく言葉が出ません。そこで、ホワイトボードに貼ってあるポイントを見ながら、「何の話してるの？」と言うことができました。話が始まると、知っていることに答えることができて、スタッフや同じグループの人と話をすることもでき、「やってみるとできることもあるんだ」と思いました。

（4）定着化

　ゲームでは、パズルのピースを1つもらいました。みんながパズルを作っているときに、仲間に入って、ピースを出すと完成します。ベタオドくんは、みんながパズルをしているところに近づいて、「何しているの？」と言ってみますが、みんなはパズルに夢中で、ベタオドくんの声かけに気づいていません。スタッフが、「みんな夢中だから、がんばって言わないといけないね」と声をかけると、ベタオドくんは、そばにいる友達を見つけて、「何してるの？」と声をかけて気づいてもらい、みんなでパズルを完成させることができました。

グイオシちゃんの場合

トレーニング前

休み時間に，みさきちゃんとななちゃんが話しています。

みさきちゃん　「『ジュエルアニマル』のにゃんにゃんが好き」
ななちゃん　「あら，私はね，コリスが好きなの」
グイオシちゃん　「何の話？　『ジュエルアニマル』ならね，私はわんすけが好き
　　　　　　　なんだよ。筆箱もわんすけにしちゃった」
みさきちゃん　（嫌そうな顔をしている）
ななちゃん　（少し困った顔をしている）

トレーニング後

休み時間に，みさきちゃんとななちゃんが話しています。

みさきちゃん　「『ジュエルアニマル』のにゃんにゃんが好き」
ななちゃん　「あら，私はね，コリスが好きなの」
グイオシちゃん　「（タイミングを見て）何の話しているの？」
みさきちゃん　「『ジュエルアニマル』の話よ。グイオシちゃんは好き？」
グイオシちゃん　「うん，私はわんすけが好きなの」
ななちゃん　「ああ，わんすけもかわいいよね」

グイオシちゃんは，自分の大好きなキャラクターの話を友達がしていると，とてもうれしくなって，一方的に話をしてしまいます。でも，友達がいい顔をしないで去っていきます。どうやら友達の間では「自分の話ばかり，話の中心になりたいんだ」と思われているようです。しかし，去っていく友達に気づいて寂しくなりますが，どうしたらよいのかわかりません。

　話を聞くことが上手になってきましたが，話しかけ方は今まで通りです。上手に仲間に入る方法を学ぶために，ソーシャルスキル・トレーニングを受けました。

(1) インストラクション

　グイオシちゃんは，インストラクションを聞いて，「話に入るとき方法があるんだ」と思いました。今までは「話に入りたい!!」と思ったら，「あまり考えずに声をかけてたな」と思いました。話に入るときには，「自分勝手に入ると，相手に嫌な思いをさせることもあるんだ」とはじめて気づきました。

(2) モデリング

　モデリングを見て，「そうか，急に話しかけるのではなく，相手の様子も見ながらタイミング良く話しかけるんだ。入った後も，相手の話をしっかり聞いている」と思いました。「相手の話を聞くのをこれまで練習してきたから，練習したことをたくさんやらないといけないんだ」と思いました。練習したことをがんばってやると，友達の反応が変わることを実感してきているので，「がんばってみたいな」と思いました。

(3) 行動リハーサル＆フィードバック

　グイオシちゃんが好きなキャラクターの話をしていたスタッフには，話したい気持ちを抑え，「何の話をしているの？」「そっか，かわいいもんね」と相手の気持ちを考えた聞き方をして，その後に，自分の好きなキャラクターの話をしました。グイオシちゃんの知らないゲームの話をしているグループの人には，「そうなんだ」という上手な話の聞き方を中心に，「いとこがそのゲームを持ってたよ」など，話の内容に関係する話題を出して，会話をしました。グイオシちゃんは，スタッフやグループの人から，「友達が話している内容がいろいろでも，話を聞けていてすごい」と褒められ，とてもうれしそうにしています。

(4) 定着化

　グイオシちゃんが「何しているの？」と聞いても，みんなはパズルに夢中です。そこで，友達の肩を叩いて気づいてもらい，「みんな何しているの？」「私，パズルを1つ持ってるよ」とハキハキ伝えました。スタッフには，気づいてもらう工夫ができていたことを褒められ，友達には，「声の大きさが良かった」と褒められ，とてもうれしそうです。

上手に仲間に入ろう

(1) 本セッションの目標

友達との会話や遊びにどのように入ればよいか理解する。

(2) 獲得させたいスキル

会話への入り方／遊びへの入り方を学ぶ。

(3) 計画

	構　　成	ポイントと留意点
導入	1. はじまりのあいさつ ● あいさつ ● 今日の予定を紹介する 2. ルール説明（p.17参照） ● してもいいことと，してはいけないこと ● 4つの場面 ● 声の大きさ 所要時間：5分	
展開（前半）	3. 本セッションのめあて「上手に仲間に入ろう」を紹介する (1) インストラクション (2) モデリング 　下記に，悪い例と良い例を提示する。	● 「上手に仲間に入る」には，どのようにすればよいかについて子どもと考える（ワークシート1-14）。 ● 3つの例をみて，どちらがよかったか，具体的にどこが違っていたのかを探し，ワークシート1-15に記載してもらう。言葉だけでなく，行動の違いにも焦点をあてる。2つの例の違いについて，発表を通して，「上手な自己紹介の仕方」に必要な言葉と行動を整理する。

構　成	ポイントと留意点
【場面】休み時間 **【悪い例1】** T1：「ねえねえ，ポケモンのゲーム持ってる？」。T2：「私，ホワイト持ってるよ」。T3：T1とT2の話を聞いている。T1：「私，ブラック持ってるんだ」。T2：「ブラックとホワイトってどこが違うんだろうね」。T1：「そうだね，どこが違うんだろうね」。T2：「あ，そうだ。帰ったら一緒にゲームしようよ」。T1：「そうだね，ホワイトもやってみたい」。T3：最後まで，2人の話を聞いている。 所要時間：20分	**上手な仲間の入り方のポイント** ことばのポイント ねえねえ なんのはなし しているの（はなし） わたし（ぼく）も はいってもいい（あそび） からだのポイント あいてに ちかづく あいてに きこえる こえではなす あいての目を みる

展開（後半）

【悪い例2】 T1：「ねえねえ，ポケモンのゲーム持ってる？」。T2：「私，ホワイト持ってるよ」。T2：「ブラックとホワイトってどこが違うんだろうね」。T1：「そうだね，どこが違うんだろうね」。T2：「あ，そうだ。帰ったら一緒にゲームしようよ」。T1：「そうだね，ホワイトもやってみたい」。T3：「えー，なに，なに，なに？」「ポケモンのゲームの話？」「私，ブラックとホワイト持ってるよ」「ブラックとホワイトはね，いろいろ違うところあるんだよ」「じゃあ，教えてあげるよ」。T1，T2：少し困ったような表情。

【良い例】 T1：「ねえねえ，T2，ポケモンのゲーム持ってる？」。T2：「私，ホワイト持ってるよ」。T2：「ブラックとホワイトってどこが違うんだろうね」。T1：「そうだね，どこが違うんだろうね」。T2：「あ，そうだ。帰ったら一緒にゲームしようよ」。T1：「そうだね，ホワイトもやってみたい」。T3：「ねえねえ，何の話しているの」。T1：「ポケモンのゲームの話をしていて，帰って一緒にやってみるんだ」。T3：「そうなんだ，私も，ブラックとホワイト持ってるんだ」「私も，ゲーム一緒にしてもいい？」。T2：「いいよ，じゃあ，いっしょにしようよ」。T3：「ありがとう」。

| (3) 行動リハーサル＆フィードバック

所要時間：15分 | ・参加児童を2〜4人のグループに分け，ロールプレイを行う。具体的に良かったところを伝え，褒める（フィードバック）。褒める際の工夫として，グループの児童に良かったところを聞き，児童に賞賛してもらう。ロールプレイをしたスタッフがどんな気持ちになったか伝え，スキルを実行することのメリットを理解できるように促す。リハーサルが終わったら，みんなの前で発表する。 |

構　成	ポイントと留意点
展開（後半） 4. なにができるかなゲーム 所要時間：30～40分	• 掲示物を読み上げ，ゲームの説明を行う。 • パズルを夢中になって作成しているときに仲間に入る練習をするが，夢中で聞こえない場合がある。その際は，「みんな夢中だから，どのように声をかければいいかな？」「何回か，がんばってみて」などとスタッフがプロンプトを与える。 ①上手な仲間の入り方をする人を一人決めます。 ②全員，パズルのピースをもらいます。 ③パズルを作りましょう。 ④上手な仲間の入り方をする人は，みんなでパズルをしているところに入りましょう。上手な仲間の入り方をやってみよう。 「ねえねえ　なにしてるの」 「わたし（ぼく）もはいってもいい？」 ⑤みんなの感想を聞きましょう。
まとめ 5. ふりかえり 6. おわりのあいさつ 所要時間：5分	• スタッフとともにふりかえりを行う（**ワークシート 1-16**）。○○をしていたら，「ホントに，○○のとき，上手にできていたよね」と具体的に例を挙げて，褒める。 • できていたのに過小評価している場合は，無理に変更はさせず，「先生はとても上手にできていたと思うよ」と伝える。 • ホームワークの説明を行う。 • スタッフは，参加児童の良かったところをふりかえりカードに記載し，発表する。 • おわりのあいさつをする。

第1節

1

ソーシャルスキル・トレーニング

59

7 気持ちのよい断り方——これができれば自由になれる

「気持ちのよい断り方」ということは，"ちょっと気になる子"だけではなく"苦手"と感じる子どもは多いかもしれません。"ちょっと気になる子"が，もしも，仲間に入ることができるようになったとしたら，今度は，その関係のなかから出る（遊べないときや，気分が乗らないときに遊ばない），または不快にさせないように断るスキルが必要です。なぜならば，断り方がうまくいかないと，関係を築くことへの疲労・苦痛が募ってしまったり，相手からもう誘ってもらえないことがあるからです。結果的に関係を築くスキルが身についても，人と関わることを避ける行動を選択するかもしれません。実は，人との関係を維持するには，上手に断ったり主張したりすることが重要なのです。

トレーニングする言葉は，設定した状況に合う言葉であれば，変更してかまいません。子どもにぴったりのセリフを入れましょう。ただし，まずは本書のようなひとつの言葉を教え，形をつくります。その後，いろいろなバリエーションの言葉を使えるようにステップを進め，発展させることも可能です。

スルーくんの場合

トレーニング前

　学校から帰るとき，こうすけくんに話しかけられました。

こうすけくん　「ねえ，スルーくん，今日，公園でドッジボールしない？」
　スルーくん　「……（お母さんから，今日は予定があるって言われている）」
こうすけくん　「行けるの？　行けないの？　どっちだよ」（立ち去って行く）

トレーニング後

　学校から帰るとき，こうすけくんに話しかけられました。

こうすけくん　「ねえ，スルーくん，今日，公園でドッジボールしない？」
　スルーくん　「今日は病院に行く用事があって行けないんだ。ごめんね。明日な
　　　　　　　ら大丈夫なんだけど」
こうすけくん　「わかった。明日やるなら誘うわ！　じゃあな」

スルーくんは，友達に遊びに誘われましたが，「今日は，お母さんに病院に行くと言われていたんだよな」と思いました。しかし，心のなかでは，「行けない」と思っていても，どう答えたらよいのかわかりません。「行けないんだからしょうがない」と思っているうちに，相手は，「どっちなんだよ？」と聞いてきて，怒ってしまいます。「行けないんだからしょうがないか」と，スルーくんはそのまま家に帰ってしまいました。ただ，「何か言ったほうがよかったのかな」とか，「どうしたらよかったのかな」と感じていて，「みんなとドッジボールしたかったな」という気持ちはあるようです。

（1）インストラクション

　誘ってきたクラスメイトの気持ちについて考えてみました。「何か答えないと，どっちかわからないから困る」ということに気がつきました。スルーくんは，これまで，「行けないんだからしかたないだろう」と思っていましたが，「相手に何か伝えなければならないんだ」と感じました。

（2）モデリング

　スタッフが3つのモデルを見せてくれました。スルーくんは，自分が「行けない」ということだけを伝えたら，「相手は少し嫌な気持ちになる」ということに気がつきました。「行けない」ことを伝える必要があるけれど，なぜ行けないのかという理由を伝えたり，もし自分が行きたかったのなら，代わりの約束をしたり，「ごめんね」という謝罪の気持ちを伝えることで，相手が嫌な気持ちにならないことを教わりました。

（3）行動リハーサル＆フィードバック

　スタッフや同じグループの人と練習してみると，ホワイトボードを見ながら，ひとつひとつ丁寧に伝えることができました。グループの人が「また，誘いたいと思った」と言ってくれて，うれしい経験をしました。

（4）定着化

　ゲームでは，みんなで，魚の絵が描かれている紙に色を塗ったり，切ったり，貼ったりして，1つの作品を作りました。ところが，色鉛筆を使っているときに，スタッフに「貸して」と言われると，貸してしまいました。「スルーくんが使っているのだから，断っていいんだよ」と言われて，「今使っているから，後でね」と伝えることができました。

コダワリくんの場合

トレーニング前

学校から帰るとき，たけしくんに話しかけられました。

たけしくん　「ねえ，コダワリくん，今日，『妖怪キング』のゲームしない？」
コダワリくん　「今日は，用事があるので行けませんね」
たけしくん　「そ，そっか……」（少し困った顔をしている）

トレーニング後

学校から帰るとき，たけしくんに話しかけられました。

たけしくん　「ねえ，コダワリくん，今日，『妖怪キング』のゲームしない？」
コダワリくん　「あ，ごめんね。今日は塾の日で，遊べないんだ。火曜以外なら，
　　　　　　　　塾がないから遊べる」
たけしくん　「そーなんだ，塾か。じゃあ，また誘うわー」

コダワリくんは，聞かれたことに答えることはできるのですが，事実をそのまま伝えるので，時々，相手が嫌な気持ちになることがあります。遊びに誘われても，"用事がある"と即答するので，"残念そうでもないし，冷たい"と友達に思われているようです。コダワリくんは，自分の言動で友達にそのような気持ちにさせていることに気づいていないようです。最近は，「本当のことを伝えているのに，何か良くなかったかな」と少し思うことがあります。でも，理由もわからないし，どうしたらよいかわかりません。そこで，「気持ちのよい断り方」のソーシャルスキル・トレーニングを受けることにしました。

（1）インストラクション

コダワリくんは，インストラクションを聞いて，「用事があって遊びに行けない」ということを，日頃から，友達に伝えているのを思い出しました。どこが悪いのかわからなかったのですが，「この2つの要素だけだとショックを受けることもある」と学びました。

（2）モデリング

モデルを見て，日頃の自分は，「今日は，用事があって遊びに行けない」と，"断る理由"と"断りの言葉"のみを伝えていたと思いました。"あやまりの言葉"や"（遊びたい場合は）代わりの約束"を話のなかに入れると，相手は，ショックを受けることなく，"また誘おう"と思うようになり，嫌な気持ちにならない場合もあることを学びました。

（3）行動リハーサル＆フィードバック

コダワリくんは，グループで行動リハーサルを行いました。ポイントが書かれたホワイトボードを見ずに，学んだポイントを考えながら，グループの友達やスタッフが誘ってくれたのに対して，「ごめんね，今日は，習い事の日だから遊びに行けないんだ。明日は習い事はないから大丈夫だよ」と伝えることができました。コダワリくんは，支援スタッフやグループの人から，「ホワイトボードに書かれてあるポイントを見ずに，すらすらと話している」「伝え方を工夫して，ひとつひとつ丁寧に話している」と褒められました。

（4）定着化

コダワリくんは，「みんなで作ろうゲーム」で，色を塗った魚を線に沿って丁寧に切り取りました。1つ切り終わるのに時間がかかりました。途中でスタッフと話し，数を減らして時間を調整しました。集中しているとき，スタッフに「はさみを貸して」と言われ，「今，使っているから！」と言ってしまいました。ですが，スタッフとチェックシートをふりかえり，「これを切るまで待っていてくれる？　ごめんね」と言うことができました。コダワリくんは，「イライラしてしまっても，ポイントを忘れずに伝えよう」と思いました。

支援計画⑥
気持ちのよい断り方をしよう

（1）本セッションの目標

断る側／断られる側の双方が嫌な気持ちになりにくい断り方を理解する。

（2）獲得させたいスキル

断るときにどのように伝えるかという方法を学ぶ。

（3）計画

	構　　成	ポイントと留意点
導入	1. はじまりのあいさつ 　・あいさつ 　・今日の予定を紹介する 2. ルール説明（p.17参照） 　・してもいいことと，してはいけないこと 　・4つの場面 　・声の大きさ 　　　　　　　　所要時間：5分	
展開（前半）	3. 本セッションのめあて「気持ちのよい断り方をしよう」を紹介する （1）インストラクション （2）モデリング 　下記の例のように，悪い例と良い例を提示する。なぜ，気持ちのよい断り方をする必要があるのか。メリットやデメリットを話し合い，自らが用いたいときにスキルを使用できるように，ここで練習しておくことを伝える。	・「気持ちのよい断り方」とは，どのようにすればよいかについて子どもと考える。 ・<u>断る人／断られる人が双方，嫌な気持ちにならない断り方について考えていくため，双方の気持ちを考える</u>（ワークシート1-17）。 ・3つの例をみて，断る人，断られる人がそれぞれ良い気持ちになったか，嫌な気持ちになったかを考える。 ・<u>双方「良い気持ち」になるには，どのような断り方がよいのか整理する</u>。 ・具体的にどこが違っていたのかを探し，**ワークシート1-18**に記載してもらう。言葉だけでなく，行動の違いにも焦点をあてる。 ・3つの例の違いについて，発表を通して，「気持ちのよい断り方」に必要な<u>言葉</u>と<u>行動</u>を整理する。

構　成	ポイントと留意点
【場面】学校の帰り道，T1がT2を遊びに誘っている。T2は，遊びたいが，学校から帰ると病院に行く用事があり，遊べない。 【悪い例1】T1：「今日さ，学校から帰ってから，公園でみんなでカンけりをするんだけど，T2も来ない？」。T2：「……」。T1：「遊べないの？　どっちなの？　まあ，いっか。じゃあね」。T2：困った顔をしている。 所要時間：20分	気持ちのよい断り方のポイント ことばのポイント ・あやまりのことば（ごめんね） ・りゆうをいう（びょういんにいくようじがあるんだ） ・ことわりのことば（今日は，あそべないんだ） あそびたいきもち ・かわりのやくそく（あしたなら，あそべるよ） からだのポイント ・あいてに　ちかづく ・あいての目を　みる ・あいてに　きこえる　こえではなす

展開（前半）

【悪い例2】T1：「今日さ，学校から帰ってから，公園でみんなでカンけりをするんだけど，T2も来ない？」。T2：「今日は，無理，無理」と言い，その場を立ち去る。T1：困った顔をする。
【良い例】T1：「今日さ，学校から帰ってから，公園でみんなでカンけりをするんだけど，T2も来ない？」。T2：「ごめんね，今日，帰ってから病院に行かないといけないから，遊べないんだ。でも，明日なら，遊べるから，明日，遊ぶとき誘って」。T1：「そうなんだ。じゃあ，明日，みんなで遊ぶ約束をしたらまた誘うね」。T2：「うん，ありがとう」。

構成	ポイントと留意点
(3) 行動リハーサル＆フィードバック 所要時間：15分 4. みんなで作ろうゲーム	・参加児童を2〜4人のグループに分け，ロールプレイを行う。具体的に良かったところを伝え，褒める（フィードバック）。褒める際の工夫として，グループの児童に良かったところを聞き，児童に賞賛してもらう。ロールプレイをしたスタッフがどんな気持ちになったか伝え，スキルを実行することのメリットを理解できるように促す。リハーサルが終わったら，みんなの前で発表する。 ・掲示物を読み上げ，ゲームの説明を行う。 ・「貸してもらえるように頼む」ことと，「使っているため断る」ことを実際に行ってもらう。それぞれの機会がない場合は，使っている最中にスタッフが貸してほしいと頼むなど場面を設定する。

展開（後半）

	構　　成	ポイントと留意点
展 開 （後半）		①絵が描いてある紙をもらいます。 ②絵に色をぬりましょう。 ③絵を切り取りましょう。 ④絵を大きな紙にはりましょう 　　色えんぴつやはさみやのりは，一人にひとつずつしかありません。みんなが使うものなので，優しく頼んで借りましょう。 「ねえねえ，○○使っていい？」 「ありがとう」 　　もし，使っているときは，気持ちのよい断り方をしてみましょう。 「ごめんね，今使っているから貸せないんだ。もうちょっと，待ってくれる？」 ⑤やさしく借りたり，上手に断ったりできていたか，カードに○をしてもらおう！
	所要時間：30～40分	
まとめ	5. ふりかえり	• スタッフとともにふりかえりを行う（**ワークシート1-19**）。○をしていたら，「ホントに，○○のとき，上手にできていたよね」と具体的に例を挙げて，褒める。 • できていたのに過小評価している場合は，無理に変更はさせず，「先生はとても上手にできていたと思うよ」と伝える。 • ホームワークの説明を行う。 • スタッフは，参加児童の良かったところをふりかえりカードに記載し，発表する。
	6. おわりのあいさつ 　　　　所要時間：5分	• おわりのあいさつをする。

第2節 ペアレント・トレーニング

1 導入の前に準備する──子どもにも保護者にもポジティブファースト

1 気になる子を育てる保護者の気持ちを理解しよう

　就学に至るまでの子どもと保護者の生活を想像してみましょう。保護者は，子どもができたとわかったとき，不安もありながら喜びに溢れていたでしょう。子どもが産まれてから，発達に不安を感じて検診に行ったりしながら，幼稚園や保育園という集団のなかに入っていきます。"ほかの子どもと少し違う"と感じながら，小学校入学を迎えます。子育てについての苦労を周囲に理解してもらえないと感じたこともあり，学校の先生には何を言われるかと，不安に思っていたことでしょう。一方で，子どものできることを伸ばしてあげたいがために，過度な期待をしてしまうこともあるでしょう。専門家は，つい上から助言する立場を取りがちです。相談機関に訪れるまでの保護者の気持ちや生活を想像し，子どものサポーターとして同じ立場で取り組むことが，良いほうに向かいます。

2 支援者と保護者の立場をはっきりさせよう

　子どもを育てるにあたって，本当の苦労を知っているのは保護者しかいません。そのため，なかなか支援者を信頼してもらえないことがあります。一方で，保護者は不安のあまり，支援者に頼りすぎる場合もあります。独立した良い信頼関係を築くことが，このトレーニングを受けるうえで非常に重要です。

独立した良い信頼関係を築くために──山登りの例

　子育てを山登りに例えてみましょう。山登りはつらいものですが，多くの人は山に登ります。それは，途中の景色や山頂の景色を楽しみ，登った者にしか味わえない達成感を味わえるからです。子育てもつらいことが多いです。しかし，育てた者にしか味わえない喜びやうれしさがあるために，子どもを育てることを人は望むのではないでしょうか。山登りは，時に苦しく，景色を見る余裕がないことがあります。子どもとの生活はどうでしょうか。子育てという山を登るのに必死で，景色を楽しむ余裕がなくなってしまっていることがあります。このトレーニングでは，保護者が少し立ち止まって，子育て中の景色を見るためのサポートをしていきます。

　支援者は，同じ山に登ることはできません。ですので，山の頂上まで逐一アドバイスはできません。ですが，支援者は違う山から見ていて，道の状況を見ることができます。このトレーニングでは，少しの間，一緒に頂上を目指して道案内をする役割であることを意識して，アドバイスをしていきます。

2 子どものあいさつを褒めよう──行動が増えることを体験する

　気になる子どもと保護者の日常では，保護者が子どもに注意するばかりになってしまうことが多くあります。たとえば，兄弟とすぐ喧嘩を始める，行動が遅い，なかなかご飯を食べない，本やTVに夢中で話を聞けないなどが挙げられます。保護者は，子どもにもう少しできるようになってほしいことが多くあり，それがさらに，保護者が子どもに指示する機会を増やします。指示が増えると，子どもは耳を貸さなくなり，すると保護者は効果がないと感じて，さらに強い指示になっていきます。

　このペアレント・トレーニングでは，このような悪循環を変化させていきます。まずは，子どもがあいさつをする機会を増やすことによって，行動が変化する体験をし，子どもとのコミュニケーションを楽しめるようにしていきます。

　トレーニングする言葉は，設定した状況に合う言葉であれば，変更してかまいません。子どもにぴったりのセリフを入れましょう。ただし，まずは本書のようなひとつの言葉を教え，形をつくります。その後，いろいろなバリエーションの言葉を使えるようにステップを進め，発展させることも可能です。

スルーくんの場合

スルーくんは，朝が弱く，起きた後，ソファーで寝そべってテレビを見ていることが多いそうです。保護者があいさつをしても，スルーくんは，"こころここにあらず"といった様子で，あいさつを返すことがありません。保護者は，ペアレント・トレーニングで朝の挨拶を増やすことに取り組んでみることにしました。

(1) 行動のフレームを復習する

まずは，①子どもにわかりやすい状況設定をして，②行動を引き出します。行動が現れたら，③子どもにとってうれしい結果を提供しましょう。①のなかには，子どもが気づいて，行動できるようなヒントも含めておきましょう。

(2) 「おはよう」という行動を増やす計画を立てる

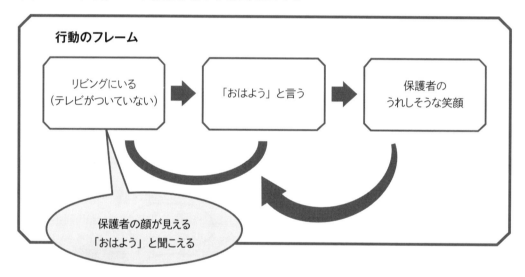

(3) 行動リハーサル

保護者は，スルーくんに「おはよう」と言ってもらえるように，計画を立てました。保護者は，「リビングに入ってきたタイミングで，近くに行き，"おはよう"と声をかければ，おそらく"おはよう"と言ってくれると思います」と言います。支援スタッフと話し合って，リビングでテレビがついていると，すぐに見入ってしまうので，「あらかじめテレビを消しておく」ということも追加して，計画を立ててみました。その後，支援スタッフがスルーくん役となり，立てた計画に沿ってロールプレイを行い，保護者が家でスムーズに実施できるよう練習しました。

マインドフルネスのはじめ方
今この瞬間とあなたの人生を取り戻すために
J・カバットジン=著／貝谷久宣=監訳／鈴木孝信=訳 　　　　2800円

マインドフル・ゲーム
60のゲームで子どもと学ぶマインドフルネス
S・K・グリーンランド=著／大谷 彰=監訳／浅田仁子=訳 　　　3000円

ティーンのためのマインドフルネス・ワークブック
S・V・ダイク=著／家接哲次=監訳／間藤 萌=訳 　　　　　　2800円

片付けられない自分が気になるあなたへ
ためこみ症のセルフヘルプ・ワークブック
D・F・トーリン、他=著／坂野雄二=監修／五十嵐透子　土屋垣内晶=訳 　　2700円

ストレス・マネジメント入門［第2版］
自己診断と対処法を学ぶ
中野敬子=著 　　　　　　　　　　　　　　　　　　　　　2800円

不安に悩まないためのワークブック
認知行動療法による解決法
D・A・クラーク　A・T・ベック=著／坂野雄二=監訳 　　　　3600円

誰でもできる！アサーティブ・トレーニング　ガイドブック
みんなが笑顔になるために
海原純子=著 　　　　　　　　　　　　　　　　　　　　　2200円

注文のご案内

最寄りの書店、医書店、大学生協、ネット書店よりご注文いただけます。
直接注文の場合は郵便振替用紙を同封してお届けします。
送料は書籍600円、雑誌400円となります。税込1万円以上のご注文の場合送料無料です。
商品到着後お振込をお願いします。

Ψ金剛出版　〒112-0005 東京都文京区水道1-5-16
電話 03-3815-6661　FAX 03-3818-6848　https://www.kongoshuppan.co.jp/

アンガーマネジメント11の方法

怒りを上手に解消しよう

R・T・ポッターエフロン、他=著／藤野京子=監訳

怒りは誰にでもある。問題はその感情の処理である。本書では怒りを一一種類に分けそれぞれの怒りについて理解を深めていく。

3400円

30分でできる怒りのセルフコントロール

R・T・ポッターエフロン、他=著／堀越 勝 樫村正美=訳

あなたの怒りの問題を見つけ、現実的なゴールを設定し、その目標に向かい自分の怒りを三〇分で学ぼう、という試みである。

1800円

30分でできる不安のセルフコントロール

M・マッケイ、他=著／堀越 勝 樫村正美=訳

不安は誰にでもあるものである。その不安を消すのではなく上手に付き合っていくためのスキルを学び、生活を好転させよう。

1800円

不眠症に対する認知行動療法マニュアル

日本睡眠学会教育委員会=編

不眠症に対する認知行動療法は、どのようにして進めていけばいいのか？ 本書では、治療者用・患者用両方のマニュアルを掲載。

2800円

コダワリくんの場合

コダワリくんは，ゲームが大好きです。一度ゲームを始めてしまうと，話しかけて耳をかたむけることができません。保護者は，はじめは優しく声をかけるのですが，ゲームに没頭するコダワリくんに怒りを覚え，最終的には強く叱るのが日常です。

ふりかえってみると，学校から帰ってきたとき，コダワリくんはゲームをしようと急いでいて，あいさつを交わさないことに気がつきました。そこで，あいさつをする計画を立てました。

（1）行動のフレームを復習する

行動のフレームとして，「①子どもにとってわかりやすい状況設定→②行動→③うれしい結果（ほめられること）」と整理し，計画を立てます。

（2）「ただいま」と言う行動を増やす計画を立てる

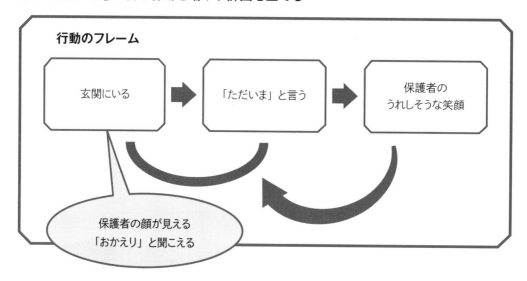

（3）行動リハーサル

今までは，コダワリくんが学校から帰ってきたときには，リビングにいましたが，コダワリくんが学校から帰ってきたときに，玄関にいるようにしました。玄関のドアを開ける音が聞こえたら，すぐに玄関にかけつけます。「コダワリくんが学校から帰ってきて，玄関で私から"おかえり"と声をかければ，"ただいま"と言ってくれると思います」と，保護者は言います。支援スタッフと話し合ったところ，「コダワリくんが"ただいま"と言ったあと，ゲームをしたくて，すぐにリビングに飛び込んでいきそう」ということが予想されました。「あらかじめゲームを片づけ，テレビを消しておく」「リビングのドアを閉めておく」ということも追加して，計画を立ててみました。保護者は，あいさつの大切さ，気持ちよさを伝えたいと改めて思いながら，家に帰って，計画に取り組みました。

支援計画①
子どものあいさつを褒めよう

(1) 本セッションの目標

　あいさつを褒めることによって，行動を増やす方法を身につける。日頃，忙しい保護者が子どもと気持ちを通わせる時間を設けることにより，コミュニケーションの楽しさを感じる機会とする。

(2) 獲得させたいスキル

- あいさつを引き出すための設定を考える。
- あいさつができたときに褒める。

(3) 計画

	構　成	ポイントと留意点
導入	1. 本日の予定を紹介する（ワークシート 2-1）	
	2. ペアレント・トレーニングについて説明する	• ペアレント・トレーニングとは • ペアレント・トレーニングの目的
	3. ワーク①（ワークシート 2-2）	• 自分の子どもの良かったところを 2 ～ 3 人のグループになり，報告し，発表する。 • リーダーは「自分の子どもについて話すときには，保護者は困った点について口にすることが多く，良いところを話したり，自分の子どもを褒めたりするのは気恥ずかしいものです」とノーマライゼーションをする。参加者が子どもに対してネガティブな発言をしても否定や修正はせずに，簡潔に共感を示す応答をしてから，質問をする。
展開（前半）	4. 講義（ワークシート 2-3 ～ 2-4） 　「なぜ子どもの行動を褒めるのか考えてみよう」	• 子どもの行動に働きかける 2 つの方法を知ろう。 • 褒めることと叱ることを比べてみよう（モデルの提示 1）。 • 基本の枠組みを知ろう（基本のフレーム）。 • 子どもを褒めるときのコツを知ろう。 • 「スタッフのロールプレイを見て，褒める場合と叱る場合の違いを考えてみましょう」と伝えて，スタッフが次ページのシナリオ①の通り，ロールプレイを行う。下記の結果となるように質問をする。

構　　成	ポイントと留意点
	また，日頃，子どもと接しているなかで同じようなことが起こっていないか，整理して伝える。

展開（前半）

所要時間：25分

シナリオ①		シナリオ②
自信がなくなる	⬌	自信がつく
何をしたらよいかわからない	⬌	わかる
嫌いになる	⬌	好きになる
その後の自発的な行動が増える	⬌	減る
関係が悪くなる	⬌	良くなる
指示があいまい	⬌	指示が明確
		後に褒められ
後でダメだし	⬌	このやり方でOKとわかりやすい

● モデルの提示1
シナリオ①
（職場でS1が書類整理をしているところに，S2が来て，近くに別の書類を置く）
S1：（書類整理をしている）
S2：○○さん，どうしてこの書類の作業をしてくれないんですか。
S1：え，気がつかなくて。すみません。
S2：自分で考えて仕事してくださいね！
シナリオ②
（職場でS1が書類整理をしているところに，S2が来て，近くに別の書類を置く）
S1：（書類整理をしている）
S2：○○さん，この書類，封筒に入れて，切手を貼ってもらえますか？
S1：わかりました（作業を始める）。
S2：ありがとうございます。とても綺麗に作ってくれて助かります。
S1：いいえ，どういたしまして。

● モデルの提示2
シナリオ①
　　子：（リビングに入ってくる）
保護者：（作業をしながら）帰ってきてたの？「ただいま」くらい言いなさい。
　　子：……
シナリオ②
　　子：（リビングに入ってくる）
保護者：（作業の手をとめて）おかえり。
　　子：ただいま（笑顔で）。
保護者：元気に帰ってきてくれて，お母さん，うれしいな。今日は何したの？

	構　　成	ポイントと留意点
展開（後半）	5. ワーク②（ワークシート2-5～2-6） 「あいさつを褒める計画を立てて練習しよう」	• モデルの提示2が終わったら，下記の説明をする。子どもの適切な行動を増やすためには…… ①子どもにわかりやすい状況設定をすること ②してほしい行動をはっきりさせること ③行動したことにうれしい結果がついてくるようにすること ④自発的に行動が出なかったときに，行動を引き出すヒントを出すこと，が大切です。 • 子どもにできるようになってほしいあいさつを選ぼう。 • 基本のフレームに合わせて子どものあいさつを褒める計画を立てよう（モデルの提示2）。
	6. リハーサルと計画の見直し（ワークシート2-7～2-8） 所要時間：40分	• 立てた計画に沿って，スタッフが子ども役になり，練習する。 • ふりかえりをしながら計画を見直す。 • 体や言葉のポイントを意識する。 • 褒める言葉をできるだけたくさん考える。 • 練習してみて，うまくいかなかった点，やりにくい点があったら，計画を調整する。 • 保護者がやり方に困っている場合は，スタッフが保護者役をしてみて，気づきを促す。
まとめ	7. 計画発表	• 子ども役をして一緒に練習したスタッフと，前に出てきて，発表をする。 • リーダーはポジティブフィードバックをして，次に子ども役のスタッフの感想を求める。スタッフもポジティブフィードバックをする。 • グループに慣れてきたら，最後に他の参加者（1名から2名程度）に感想を求めるのもよい。
	8. ホームワーク設定（ワークシート2-9～2-10） 所要時間：30分	• ホームワークの説明をする。

2

ペアレント・トレーニング

3　子どもが話をすることを褒めよう――のびのび会話で楽しむ

　保護者は，学校での子どもの様子や習い事での様子など，目の届かないところでどのように過ごしているかについて非常に気にしています。学校では，「友達の嫌がるようなことをやってはいないだろうか」「今の対人関係の築き方だと，将来，仲間はずれにされてしまうのではないか」「自分が思ったことを言えずに，ストレスを溜め込んでいるのではないか」などを考え，不安に感じることは日常茶飯事です。そのようなとき，情報を得るために，保護者は子どもに学校での様子を聞きます。しかし，子どもからすれば，根ほり葉ほり聞かれ，最終的には，「もっとこうしたほうがいい」などと，怒られてしまう結果になります。このようなやりとりでは，保護者の気持ちとは裏腹に，保護者から聞かれたことに答えるという行動は減っていきます。次は，子どもが返事をしたり，話し返す行動を増やす練習をします。お互いが会話を楽しめるような時間にしましょう。

　トレーニングする言葉は，設定した状況に合う言葉であれば，変更してかまいません。子どもにぴったりのセリフを入れましょう。ただし，まずは本書のようなひとつの言葉を教え，形をつくります。その後，いろいろなバリエーションの言葉を使えるようにステップを進め，発展させることも可能です。

ベタオドくんの場合

トレーニング前

　ベタオドくんが，学校から帰ってきました。

　　　　保護者　「ベタオドくん，今日は誰と遊んだの？　どうだった？」
　ベタオドくん　「……忘れた」
　　　　保護者　「どうして教えてくれないの？　本当に忘れたの？」
　ベタオドくん　「……」

トレーニング後

　ベタオドくんが，学校から帰ってきました。

　　　　保護者　「（今日はたしか，ベタオドくんの好きな図工があったはず）今日
　　　　　　　　の図工は何を作ったの？」
　ベタオドくん　「ハンコ」
　　　　保護者　「おー，いいね。どんなハンコ作ったの？」
　ベタオドくん　「電車」
　　　　保護者　「できたら，見たいな」
　ベタオドくん　「いいよ」（ニコニコしてうれしい様子）

ベタオドくんは，学校での出来事を聞くと，「うん」などの返事はしてくれるのですが，最終的には，「忘れた，わかんない」と答えます。「学校で，大丈夫かしら？」と心配している保護者は，もっと話を聞こうと質問しますが，答えてくれなくなります。

（1）行動のフレームを復習する

　行動のフレームとして，「①子どもにとってわかりやすい状況設定→②行動→③うれしい結果（ほめられること）」と整理し，計画を立てます。

（2）「話をする」という行動を増やす計画を立てる

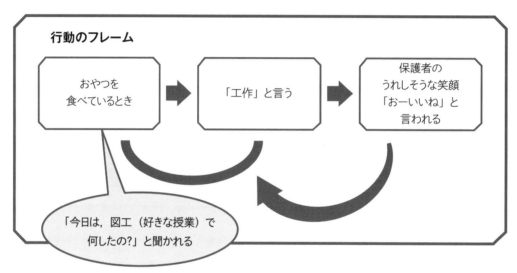

（3）行動リハーサル

　いつもは，ベタオドくんが答える前に，保護者が2，3個の質問をしていることに気がつきました。保護者は，「聞き出すことに夢中になっていて，怖い顔になっていたし，それでは，話したくないですよね」と，今までの関わりをふりかえりました。そこで，「ベタオドくんの好きな授業の話をすれば，楽しそうに話すときがある」ことを思い出し，会話を続ける計画を立て，練習しました。

グイオシちゃんの場合

トレーニング前

　グイオシちゃんが，学校から帰ってきました。

　　　　　保護者　「今日はどうだった？」
　グイオシちゃん　「今日はね，ななちゃんがゲームの話をしていて，アニマルの国
　　　　　　　　　　でたくさんお家を作ったんだって，それでね……」
　　　　　保護者　「??　アニマル？　ふーん，そう……」

トレーニング後

　グイオシちゃんが，学校から帰ってきました。

　　　　　保護者　「今日の係決め，何になったの？」
　グイオシちゃん　「配布係！」
　　　　　保護者　「そうなの？　やりたかったの？」
　グイオシちゃん　「うん！　ノートとか配ったりするの。先生の役に立てるんだ」
　　　　　保護者　「そっか，そうだね。よかったね」

　グイオシちゃんは，人と話をするのが好きなので，「学校の話を聞くと，たいていは，よくお話をしてくれます」と保護者は話します。「でも，話してくれる内容が，重要ではないというか……子どもが気になったことしか話してくれないように思います」「もっと，どんな係になったかとか，誰と一緒になったかとか，そういう大事な話が聞きたいんです」と保護者は話します。

　そこで，保護者の質問にも答えてもらったり，グイオシちゃんの話を聞いたりして，相互的なコミュニケーションを楽しめるように，トレーニングに参加しました。

(1) 行動のフレームを復習する

　行動のフレームとして，「①子どもにとってわかりやすい状況設定→②行動→③うれしい結果（ほめられること）」と整理し，計画を立てます。

(2)「話をする」という行動を増やす計画を立てる

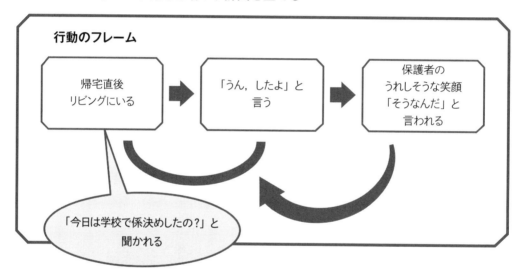

(3) 行動リハーサル

　保護者は，グイオシちゃんが「係を決められたかどうか答える」ための計画を立てました。今までは，「今日どうだった？」「今日は何があったの？」という質問を多くしていたことに気がつきました。具体的に質問をするために，先生から情報を得ておくという工夫をすることにしました。保護者が聞きたいことのみを質問するのではなく，後で子どもが話したいことも聞いてあげるということも計画に追加しました。

　グイオシちゃんは今まで，「お母さんは話を聞いてくれない」と感じていました。でも，理由はわからずにいました。最近は質問に答えると，保護者はうれしそうです。"私，自分のことばっかり，話しすぎちゃってたのかな"と少し気づいてきているようです。

支援計画②
話をすることを褒めよう

（1）本セッションの目標
　話をすることを褒めることによって，行動を減少させている要因に気づき，増やす方法を身につける。会話を通して，コミュニケーションの楽しさを感じる機会とする。

（2）獲得させたいスキル
- 子どもが話をするための質問（ヒント）を考える。
- 子どもが話した後に褒める（子どもにとってうれしい反応）。

（3）計画

	構　成	ポイントと留意点
導入	1. 本日の予定を紹介する（ワークシート2-11） 2. 前回の復習をする	 • 基本のフレームについては，毎回確認し，ホームワークでの発表でうまくいったことを整理する。うまくいかなかったことがあれば，フレームにあてはめて，整理する。 • 褒めるときのポイントを確認する。 • 2～3人のグループになり，ホームワークをしてみて，うまくいった点，うまくできなかった点などを共有する。
	3. ワーク①（ワークシート2-12） 所要時間：30分	• 発表する際には，子どもや保護者の良かったところ，がんばったところを引き出す質問をする。 • 基本のフレームにあてはめて説明する。
展開（前半）	4. 講義 「褒め方の工夫を知ろう」	• 話を聞くときに，具体的に褒めることを知ろう。 • 話の聞き方の例を比べてみよう（モデルの提示1）。 • その他の褒め方の工夫を知ろう。

83

構　成	ポイントと留意点
展開（前半） ● モデルの提示１（家族への報告） シナリオ① Ａ：今日，なかまプログラムのペアレント・トレーニングに行ってきたよ。 Ｂ：（本を読みながら）あー，そうだったねー，どうだった？ Ａ：今日は褒める練習をしてきたよ。 Ｂ：（立ち上がって別のことをしながら）お疲れさまー。 シナリオ② Ａ：今日，なかまプログラムに行ってきたよー。 Ｂ：（本から顔を上げて目を見て）今日も行ってくれたんだね，ありがとう。どんなことしたか教えてくれる？ Ａ：今日は褒める練習をしたよ。 Ｂ：そうなんだ，じゃあ一緒に練習しないとね。どんなこと言ってた？ 所要時間：25分	・参加者にコメントを求める。下記の結果となるように質問をする。 シナリオ① ／ シナリオ② 話をしたくなくなる ⬌ 話してよかった わかってくれていないと感じる ⬌ わかってくれていると感じる 嫌な気分になる ⬌ 良い気分になる 自発的に話す ⬌ 自発的に話す 行動が減る ⬌ 行動が増える 関係が悪くなる ⬌ 関係が良くなる ・普段の子どもとのやりとりで，このようなことが起こっていないか，ふりかえる。
展開（後半） 5．ワーク②（ワークシート2-13〜2-15） 　「話をしてもらう計画を立てよう」 6．リハーサルと計画の見直し	・講義の内容をふりかえりながら，<u>自然と子どもが話をすることを減らしてないか</u>，ふりかえる。 ・基本のフレームに合わせて子どもが話をすることを褒める計画を立てよう（モデルの提示2）。 ・子どもの話に具体的に反応する方法を考えよう。 ・立てた計画に沿って，スタッフが子ども役になり，練習する。 ・ふりかえりをしながら計画を見直す。 ・リハーサルをしてみて，子ども役のスタッフが話しにくいと感じた場合，共有し，どのような質問をしたら話しやすいか一緒に検討する。

構　成	ポイントと留意点
展　開（後半）	●モデルの提示2 シナリオ1 P： （向かい合って座って）今日，体育で何をしたの？ C： 鉄棒したよー。 P： ふーん，どうだった？ C： さかあがりできたよ。 P： （携帯を見ながら）ふーん，すごいね。 シナリオ2 P： （向かい合って座って）今日，体育で何をしたの？ C： 鉄棒したよー。 P： （明るい声で）鉄棒してるんだ。この前からさかあがり練習してたよね？　今日はどうだった？ C： さかあがりできたよ。 P： （笑顔で）おー，すごい！　練習したんだねー。がんばったね。
所要時間：40分	
まとめ 7．計画発表	・子ども役のスタッフと前に出て，計画を発表する。 ・リーダーは，基本のフレームで整理しながら，計画を聞く。 ・計画が成功するためのポイントについて気づいた点を伝える。 ・「うまくいきそうですね。やってみてどうだったか教えてください」と声をかけ，計画に正解はなく，うまくいかなかったら，計画を練り直せばいいということを伝えていく。
8．ホームワーク設定（ワークシート2-16〜2-17） 所要時間：30分	・毎日の記録をホームワークとして出す。

4 子どもが話を聞くことを褒めよう──聞いてくれてうれしい思いを伝えよう

　気になる子どもと保護者の日常では，何度も指示を出すのに，なかなか行動に移ってくれないことが多くあります。最終的には，保護者はイライラしてきて，厳しい口調になり，ストレスも溜まります。子どもも，「何だかいつも叱られるばかり」「どうせ叱られる」とやる気をなくしてしまうことにもつながります。さらに，子どもは，「認められたいけど，認めてもらえない。どうせ，自分は怒られる」という思いも募っていきます。子どもの成功体験を家庭でも十分に経験することは大切です。そのため，子どもが行動に移しやすい指示を出すための環境設定やヒントを考えてみます。

　この回では，子どもが「指示に従ったら」ではなくて，「指示を聞いたら」褒められる経験ができるように計画します。

　トレーニングする言葉は，設定した状況に合う言葉であれば，変更してかまいません。子どもにぴったりのセリフを入れましょう。ただし，まずは本書のようなひとつの言葉を教え，形をつくります。その後，いろいろなバリエーションの言葉を使えるようにステップを進め，発展させることも可能です。

コダワリくんの場合

　コダワリくんは，好きなテレビ番組が始まってしまうと，返事も上の空になってしまいます。保護者は，何回も同じことを言うので，最終的には，怒って，テレビを消してしまいます。こうなると，コダワリくんも怒ってしまい，指示に従うことがさらに難しくなってしまうようです。また，「子どものあいさつを褒めよう」で取り組んだことを思い出して，コダワリくんが話を聞きやすい状況を考え，指示の出し方を練習することにしました。

(1) 行動のフレームを復習する

　行動のフレームとして，「①子どもにとってわかりやすい状況設定→②行動→③うれしい結果（ほめられること）と」整理し，計画を立てます。

(2) 「わかった」と言う行動を増やす計画を立てる

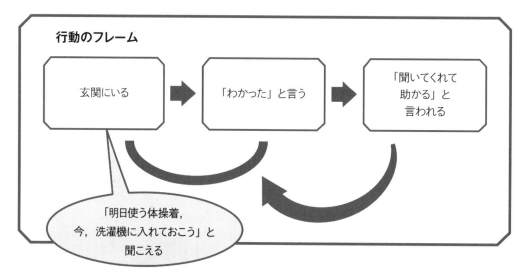

(3) 行動リハーサル

　保護者は，コダワリくんに「わかった」と言ってもらえるように，計画を立てました。「よく考えてみると，特に学校から帰ったあとは，落ち着いていて話が聞けることが多いです」と保護者は話しました。コダワリくんが帰ると，気づいたら，ゲームを始めていることが多いようです。その後，支援スタッフがコダワリくん役となり，立てた計画に沿って保護者が練習しました。帰ってきて，ゲームを始める前に対応できるようにすることが難しい点でした。玄関に鈴をつけて音で気づけるようにすること，また，テレビのリモコンを保護者があらかじめ持っておくことも，状況設定に加えました。

ベタオドくんの場合

　ベタオドくんは，一度に，たくさんのことを覚えるのが苦手です。ひとつのことを考えていると，もうひとつのことを頭のなかに留めておくことができません。また，ひとつひとつこなしていきたいタイプです。一方，ベタオドくんの保護者は，シャキシャキと物事を進め，効率よく動きたいタイプです。保護者が日頃の指示の出し方をふりかえってみると，ベタオドくんにわかりやすく説明できていなかったと気づきました。

(1) 行動のフレームを復習する

　行動のフレームとして，「①子どもにとってわかりやすい状況設定→②行動→③うれしい結果（ほめられること）」と整理し，計画を立てます。

(2)「わかった」と言う行動を増やす計画を立てる

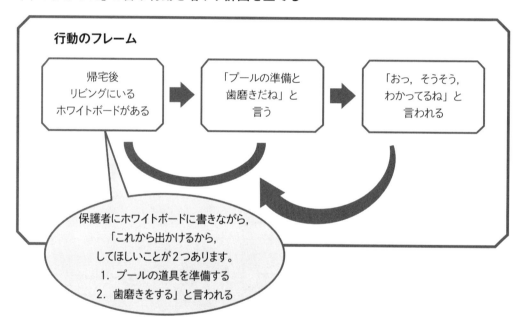

(3) 行動リハーサル

　保護者は，ベタオドくんに言葉のみで，一度に複数の指示を出していたことに気づきました。そこで，ベタオドくんが学校から帰ってきたときに，予定を伝えることにしました。小さなホワイトボードに書き込みながら説明しました。ベタオドくんは，「うん，わかった」とうなずいたので，保護者は，「すごーい」と言いました。ベタオドくんはひとつひとつこなすとすっきりするようで，「ひとつできたら，ホワイトボードに書かれているものを消す」という課題を付け加えました。ベタオドくんは，聞いて理解するよりも，見て理解することが格段に得意のようです。

子どもが話を聞くことを褒めよう

（1）本セッションの目標

　話を聞くことを褒めて，指示を聞く行動を増やす方法を身につける。

（2）獲得させたいスキル

- 指示を聞くための設定を考える。
- 指示が聞けたときに褒める（指示が実行されるかどうかにかかわらず）。

（3）計画

	構　　成	ポイントと留意点
導入	1. 本日の予定を紹介する（ワークシート2-18） 2. 前回の復習をする 3. ワーク①（ワークシート2-19） 所要時間：30分	• 基本のフレームを復習する。子どもの行動の前や後にどのような設定をするかを重視する。 • 2～3人のグループになり，ホームワークをしてみて，うまくいった点，うまくできなかった点などを共有する。 • 日頃をふりかえってもらい，指示に従ったときに，褒めているかを回想してもらう。また，指示を出して，聞いてくれたことを褒めたことがあるかどうかについても，ふりかえってもらう。 • スタッフは，各グループについて，すべての参加者が時間内に話せるように時間配分を行い，ホームワークでうまくいった点，うまくいかなかった点を基本のフレームで整理して伝える。
展開（前半）	4. 講義（ワークシート2-20～2-21） 「子どもが話を聞くことを褒めよう」 所要時間：25分	• <u>子どもが話を聞く行動を起こさせるための状況設定やヒントの大事さについて理解を深める</u>。モデルの提示1が終わったら，リーダーは参加者にコメントを求める。「どんな気持ちになるか」感想を求めた後，下記の内容が出るように質問をする。 • 子どもにわかりやすい話し方の工夫について整理する。

構　成	ポイントと留意点

展 開 （前半）	<table><tr><td>あまり覚えられない</td><td>⬌</td><td>覚えられる</td></tr><tr><td>何をしたらよいかわかる</td><td>⬌</td><td>わからない</td></tr><tr><td>気が動転する</td><td>⬌</td><td>落ち着ける</td></tr></table> ●モデルの提示1──子どもが早退して迎えに行った場面 **シナリオ①** 保護者：（子どもと先生と歩いている） 　先生：この後，遠足の説明会なので，持ち物リストをお渡ししておきますね。 保護者：ありがとうございます（受け取って頭を下げて帰ろうとする）。 　先生：（子どもと保護者の後ろから）そういえば，集合時間が9時から8時に変更になりました。あと，水筒も持たせてください。 保護者：（あわてた様子で）え，あ，はい，わかりました。 **シナリオ②** 保護者：（子どもと先生と歩いている） 　先生：この後，遠足の説明会なので，持ち物リストをお渡ししておきますね。すぐに終わります。どうぞおかけください。 保護者：ありがとうございます（子どもと並んで座る）。 　先生：（書類を見せて指さしながら）持ち物はここに書いてあります。集合時間が9時と書いてありますが，8時に変更になりました。水筒も必要です（ペンで訂正する）。 保護者：わかりました。ありがとうございます。 （子どもと一緒に頭を下げて帰っていく） 　　　　　　　　　　　　　　　　　　　　　　　　　　　　　所要時間：25分

展 開 （後半）	5．ワーク②（ワークシート2-22～ 　　2-23） 　「子どもが話を聞けたら褒める計画 　を立てよう」	・モデルの提示2が終わったら，下記の説明をする。子どもの適切な行動を増やすためには，次の3点が大切である。 ①子どもにわかりやすい状況設定をすること ②してほしい行動をはっきりさせること ③行動したことに，うれしい結果がついてくるようにすること ④自発的に行動が出なかったときに，行動を引き出すヒントを出すこと
	6．リハーサルと計画の見直し（ワー 　　クシート2-24） 　　　　　　　　　　所要時間：25分	・それぞれに計画を立ててもらい，スタッフが確認し，ロールプレイを行う。 ・ロールプレイを行うことで，行動が出にくくないか，どんなヒントや環境設定があればいいかなど，検討して計画を適宜修正していく。 ・指示が聞けた後に，褒めることを忘れてしまうことが多いため，確認しながら計画を立てる。

構　成	ポイントと留意点
展開（後半）	●モデルの提示2──お使いを頼む シナリオ① 保護者：（キッチンで料理をしながら）○○ちゃん，ちょっとお買い物行ってきてー。 　　子：（リビングで黙ってゲームをしている） 保護者：牛乳と卵買ってきてー。 　　子：（ゲームしながら）うーん…… 保護者：わかったー？ シナリオ② 保護者：（子どもに近づいて目を見て）○○ちゃん，今からお買い物をお願いするからね。 　　子：（ゲーム画面から目を上げて）うん。 保護者：（指を2本立てて）2つ買ってきてもらいたいものがあるの。 　　子：うん。 保護者：（指を1本立てて）牛乳と，（指を2本立てて）卵ね。わかった？ 　　子：うん，わかった。 保護者：ありがとう，お母さん助かるなー。
まとめ	7. 計画発表	• 計画を発表し，本当に実行できそうか，無理はないかについてフィードバックする。 •「実行してみて，どうであったか教えてほしい，楽しみですね」などと声をかけ，計画が必ずしも成功するものではなく，いつもと違う行動や対応をしてみることの大事さを伝える。 • 計画に不備がありそうな場合は，子ども役のスタッフに感想を求めたりなどしながら，アドバイスを加える。 • 計画を立てるための自信がつくように，他の参加者（1名から2名程度）に感想を求めるのもよい。
	8. ホームワーク設定（ワークシート 2-25～2-26） 　　　　　　　　所要時間：30分	• ホームワークの説明を行う。

5　子どもが返事と報告することを褒めよう──できているところを見て声かけ

　保護者が,「宿題しなさい」と指示した場合に, 子どもが取り組み,「やったよ」と保護者に言ったとします。しかし, 保護者は,「音読がまだじゃないの」と子どもを叱ることがあります。これでは, 子どもは指示に従ったつもりでも, 結局叱られてしまうことになります。このような場合, 保護者は「宿題をする」という行動に焦点を当て, それができたら十分褒めることが重要です。また,「宿題をしなさい」という指示で, 子どもがどこまでできているのか把握することが大切です。この回では, 1つの指示をしたつもりでも, いくつかの行動から成り立っていることに保護者が気づけるように支援します。さらに, 子どもができていること／できていないことを整理して, できていないところに適切な支援ができるように練習していきます。

　トレーニングする言葉は, 設定した状況に合う言葉であれば, 変更してかまいません。子どもにぴったりのセリフを入れましょう。ただし, まずは本書のようなひとつの言葉を教え, 形をつくります。その後, いろいろなバリエーションの言葉を使えるようにステップを進め, 発展させることも可能です。

グイオシちゃんの場合

　グイオシちゃんは，宿題に時間がかかるほうではありません。しかし，ゲームをしたいあまり，宿題が終わるとランドセルを片づけずに，ゲームを始めます。それに気づいた保護者は，「ちゃんとランドセルを片づけていないじゃないの！」とグイオシちゃんに言います。グイオシちゃんは，「宿題をしたら，ゲームしてもいいって言ったのに！」と，怒ってしまいます。

(1) 行動のフレームを復習する
　行動のフレームとして，「①子どもにとってわかりやすい状況設定→②行動→③うれしい結果（ほめられること）」と整理し，計画を立てます。

(2)「できた」という行動を増やす計画を立てる

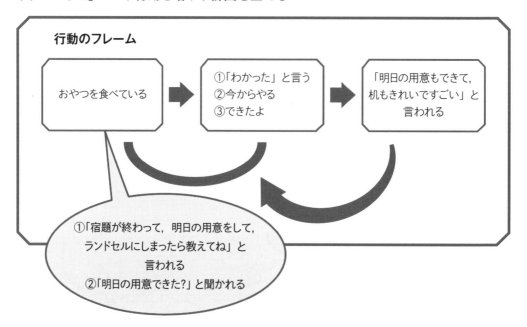

(3) 行動リハーサル
　宿題が終わったタイミングで，「明日の用意できた？」と声かけを行い，すぐに褒めることにしました。「たしかに，宿題ができたことは褒めず，指示を出していない明日の用意ができていないというところで怒っていたわ」「まずは，できているところを認めなきゃいけなかったのね」と保護者はふりかえって，話していました。
　グイオシちゃんは，一人でできることはたくさんあるのですが，叱られることが多いように感じていました。今は，できているところを保護者が見てくれていると思って，自信がついてきているようです。

コダワリくんの場合

コダワリくんは，好きなテレビ番組を見はじめたりゲームを始めたりすると，なかなか宿題を始められません。保護者は，何度も「宿題は？」「いつするの？」と声をかけますが，最終的には，寝る前に「もういい加減にしなさい!!」と強く叱り，宿題をさせることになってしまいます。いざ宿題に取りかかると，終えるのに時間がかかるタイプではないのですが，取りかかるまでに時間がかかってしまいます。

（1）行動のフレームを復習する

行動のフレームとして，「①子どもにとってわかりやすい状況設定→②行動→③うれしい結果（ほめられること）」と整理し，計画を立てます。

（2）「できた」という行動を増やす計画を立てる

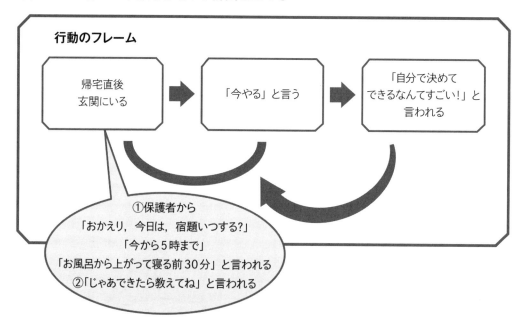

（3）行動リハーサル

保護者は，コダワリくんがテレビやゲームを始めてしまうと，没頭してしまって，指示がほとんど通らないことを思い出しました。そこで，学校から帰宅直後に，予定を確認することにしました。今まで，「すぐに宿題してしまいなさい」と言ってもうまくいかなかったのですが，「宿題をする時間がいつあるか，見通しをもたせたり，選んでもらうとうまくいきそう」と感じました。「できたときに報告してもらいたいのですが，当分は，できた頃を見計らって，"できた？"と聞いてみて，褒めることもしてみます」と，保護者はやる気を見せています。帰ってきて，すぐに宿題のことを話すのは，はじめは大変でしたが，強く叱らずに宿題に取り組めることが格段に増えました。

支援計画④
報告することを褒めよう

（1）本セッションの目標

　1つの指示のなかに，複数の行動が含まれていないか確認して，気づけるようにする。また，一連の行動がどこまでできて，できていないのか理解する。そして，できていない部分には，ヒントを出すようにして，一連の行動ができるようにサポートする視点に気づけるように促す。

（2）獲得させたいスキル

- 指示を聞くための設定を考える。
- 一連の行動ができるように，子どもにプロンプトを与える。
- 指示が聞けたときに褒める。

（3）計画

	構　成	ポイントと留意点
導入	1．本日の予定を紹介する（ワークシート2-27）	
	2．前回の復習をする	・基本のフレームを復習する。 ・状況設定とヒントの工夫を確認する。 ・2〜3人のグループになり，ホームワークをしてみて，うまくいった点，うまくできなかった点などを共有する。
	3．ワーク① 所要時間：30分	・発表する。 ・この回になってくると，保護者も慣れてきていて，いろいろな話をすることが多くなるので，なるべく時間を取って，交流ができるようにする。
展開（前半）	4．講義（ワークシート2-28〜2-29） 「行動をいくつかの手順に分けて，できない行動を引き出して褒めよう」	・子どもの行動をいくつかの手順に分けることについて考えてみる。 ・報告を手順に組み込んでみる。 ・<u>まだできない行動をいくつかの手順に分ける理由を考えてみる</u>（モデルの提示1）。 ・子どもの行動をいくつかの手順に分けて，行動を引き出して褒める方法について知る。 ・モデルの提示が終わったら，リーダーは参加者にコメントを求める。下記の内容を整理する。

構　　成	ポイントと留意点
	何をしたらよいか わからない　⟷　何をしたらよいか わかる やる気がなくなる　⟷　やる気が出る その後の 自発的な行動が減る　⟷　自発的な行動が 増える 作業するのが 嫌になる　⟷　作業するのが 楽しくなる
所要時間：25分	• ほとんどの行動は，複数の行動のつながりで成り 立っている。こちらの求めている行動がどのよう なものか，相手に伝えるのは簡単なことではない。 今回は，子どもが保護者の求める<u>一連の行動をス</u> <u>ムース</u>に進められるように，行動を引き出して褒 めることが大切であることを整理する。

展開（前半）

●モデルの提示1──学校のマラソン大会のお手伝い	●モデルの提示2
シナリオ① 先生：○○さん，ここで子どもにお茶を渡してください。 保護者：わかりました。 　先生：お願いします（立ち去る）（保護者役は周りを見たり，物品を持ったりして迷っている様子をする） 　　　──少し間を置いて── 保護者：（子どもにお茶を渡している） 　先生：あー，○○さん，それは来客用のお茶ですよ！　子どもにはこっちです。あと，紙コップを使ってくれないと。 保護者：え……。すみません（困った表情）。 **シナリオ②** 　先生：○○さん，ここで子どもにお茶を渡してください。 保護者：わかりました。 　先生：この水筒のお茶が子ども用のお茶です。この紙コップを使ってください。子どもはここに並びます。 　　　お願いします（立ち去る） 　　　──少し間を置いて── 保護者：（子どもにお茶を渡している） 　先生：○○さん，ありがとうございます。 保護者：いえいえ（笑顔で）。	**シナリオ①** 保護者：（作業をしながら声だけかける）○○ちゃん，明日の用意してね。 　子：（保護者のほうを見るが無言）……（準備をしてゲームに戻る） 　　　──少し間を置いて── 保護者：まだゲームしているの？ 　子：もう明日の用意はやったよ。 保護者：できているなら，言われたときにちゃんとそう言いなさい。 **シナリオ②** 保護者：（子どもに近づいて目を見て）○○ちゃん，明日の用意してね。できたら「できた」って教えてね。わかった？ 　子：わかった（準備する）。 　　　──少し間を置いて── 保護者：できた？ 　子：できたよ。 保護者：（笑顔で）そうやって教えてくれると，お母さんとってもうれしいな。

	構　成	ポイントと留意点
展開（後半）	5. ワーク②（ワークシート2-30〜2-32） 　「子どもが報告できたら褒める計画を立てよう」 6. リハーサルと計画の見直し（ワークシート2-33） 　　　　　　　所要時間：25分	・基本のフレームにあてはめて，子どもが報告することを褒める計画を立てる（モデルの提示2）。 ・スタッフの例を参考に計画を記入してもらう。スタッフが適宜，見回って，アドバイスをする。 ・立てた計画に沿って，スタッフが子ども役になり，練習する。 ・ふりかえりをしながら計画を見直す。
まとめ	7. 計画発表 8. ホームワーク設定（ワークシート2-34〜2-35） 　　　　　　　所要時間：40分	・計画をみんなに発表する。 ・子ども役のスタッフと一緒に，皆に計画を発表する。リーダーは計画の良いところを伝え，修正部分があれば，検討してみるように促す。 ・ホームワークの説明を行う。

6　子どもの困った行動を適切な行動に置き換えて褒めよう
——はじめはめんどうだが,慣れれば子どもも保護者も気持ちがよい

　このセッションまで来ると,「困った行動に取り組んでみましょう」というテーマになります。このテーマに対して,「最近は,あまり困ったことがなくなってきました」という保護者が数名いれば,これまで行ってきた"行動を増やす"ということができている証です。さらに,行動を増やす技術を他の場面でも応用させている保護者が数名いることになります。

　ここでは,「スケジュールに沿った行動ができない」か「言わないでほしいことを言う」という,2つのうちのどちらかを選択して,取り組んでもらいます。この「スケジュールに沿った行動ができない」や「言わないでほしいことを言う」は,これまで保護者が困っている子どもの行動を整理して,設定したものです。

　トレーニングする言葉は,設定した状況に合う言葉であれば,変更してかまいません。子どもにぴったりのセリフを入れましょう。ただし,まずは本書のようなひとつの言葉を教え,形をつくります。その後,いろいろなバリエーションの言葉を使えるようにステップを進め,発展させることも可能です。

グイオシちゃんの場合

　グイオシちゃんの保護者は，グイオシちゃんが妹に，「超ウザい」と言う行動をやめてほしいと思っています。何か用事を頼むと妹のほうが先に来て，お手伝いをしてくれます。そんなとき，決まってグイオシちゃんは妹に暴言を吐きます。保護者は，グイオシちゃんに，お姉さんの自覚をもってほしいと常々思っています。

(1) 現在の困った行動を行動のフレームで整理する

　困った行動に秘められた"子どものメッセージ"を考え，困った行動を行動のフレームで整理して，なぜ維持されているのか理解します。

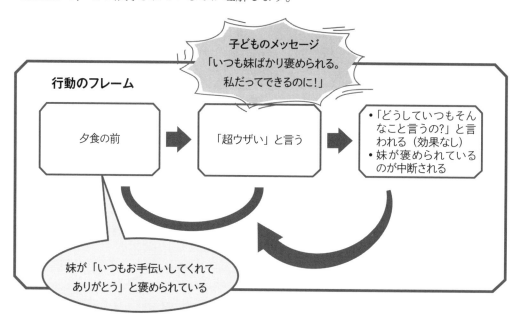

（2）「お手伝いをする」という行動を増やす計画を立てる

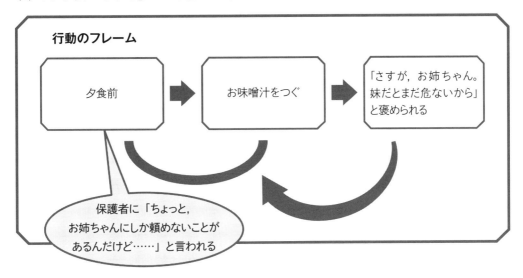

行動のフレーム

夕食前 ➡ お味噌汁をつぐ ➡ 「さすが，お姉ちゃん。妹だとまだ危ないから」と褒められる

保護者に「ちょっと，お姉ちゃんにしか頼めないことがあるんだけど……」と言われる

（3）行動リハーサル

　保護者は，グイオシちゃんが，「お姉ちゃんとして認めてほしい」という気持ちを強くもっていることを知っていました。その気持ちが，「超ウザい」という言葉を引き出していたことに気づきました。お手伝いをしてもらって褒めるという計画を立てると，「この言葉なら台所まで来てくれそうです！」と書き込みました。

スルーくんの場合

トレーニング前

　夕食後，保護者が気づくとスルーくんが家にいません。スルーくんは，勝手に自転車を乗りに行くことがあります。

　　　保護者　「あれっ，いないわ！　また勝手に行って。危ないのに」

トレーニング後

　スルーくんが宿題を終わった直後に話しかけます。

　　　保護者　「宿題終わって，えらかったね。これから，自転車で一緒に出かけ
　　　　　　　よう」
　スルーくん　「うん，いいよ」

スルーくんは，自転車を走らせることが大好きです。風が肌にあたる感覚，景色が変わる視覚的な刺激が大好きなようです。そのため，保護者が目を離したタイミングで，一人で家から出ていって自転車で近所を散策しています。どうやら，自転車をこぐことで，ストレス発散になっているところもありそうです。保護者と自転車で出かけるのも好きですが，ふと「自転車に乗りたいな」と思うと，一人で行ってしまうようです。

保護者は，夕方に一人で出かけてしまうと心配なので，できれば一緒に行きたいと思っています。

どのような指示を出せば，一人で行ってしまわないか，スルーくんがわかりやすい状況の設定や，指示の出し方を学ぶために，ペアレント・トレーニングを受けました。

(1) 現在の困った行動を行動のフレームで整理する

困った行動に秘められた"子どものメッセージ"を考え，困った行動を行動のフレームで整理して，なぜ維持されているのか理解します。

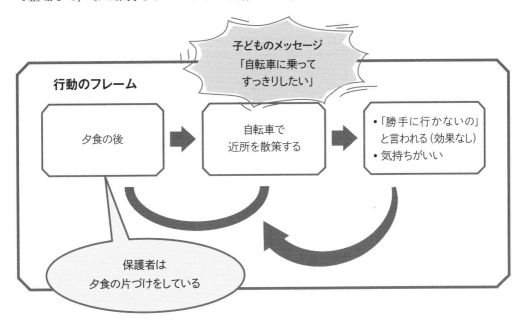

（2）「一緒に自転車で散策する」という行動を増やす計画を立てる

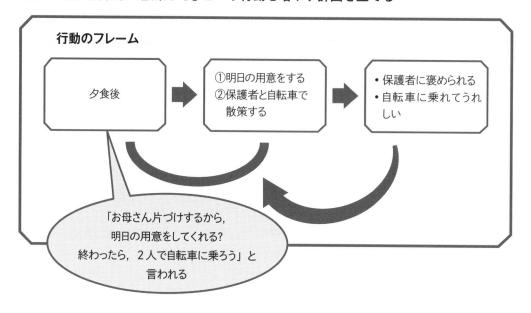

（3）行動リハーサル

　保護者は，スルーくんが自転車で近所を散策する行動をやめるようにしてしまうと，「スルーくんのストレス発散ができないのでは？」と感じています。スルーくんは，保護者と自転車に乗ることを楽しんでいるようなので，「自転車に乗る許可を得てから行く」という行動よりは，「保護者と一緒に自転車で散策する」という行動に置き換えることにしました。毎日行うと疲れてしまうので，父親が早く帰ってこられる曜日は，父親に頼むようにしました。

支援計画⑤
子どもの困った行動を適切な行動に置き換えて褒めよう

(1) 本セッションの目標

　困った行動を増やすよりも，適切な行動に置き換えて行動を増やしていくほうが，行動を行えるようになるまでが早かったり，効果的な点が多いと気づけるように促す。

(2) 獲得させたいスキル

- 困った行動がなぜ維持されているのか理解できる。
- 適切な行動に置き換え，行動が生起するための計画を立てることができる。

(3) 計画

	構　成	ポイントと留意点
導入	1. 本日の予定を紹介する（ワークシート2-36） 2. 前回の復習をする 3. ワーク① 所要時間：30分	 ・基本のフレームを復習する。 ・行動を手順に分ける方法を復習する。 ・2～3人のグループになり，ホームワークをやってみてどうだったかを共有する。 ・困った行動に秘められた"子どものメッセージ"を考え，困った行動をより適切な行動に置き換えることを学ぶことを知らせる。
展開（前半）	4. 講義（ワークシート2-37） 　「子どもの困った行動に対応する方法を知ろう」	・困った行動を減らすこと＝適切な行動を増やすこと。 ・適切な行動に注目する理由を考えてみる（モデルの提示1）。 ・困った行動を減らそうとするとどうなるのか考えてみる。 ・困った行動を適切な行動に置き換えるのはどういうことか知る。

構　成	ポイントと留意点
展開（前半） ●モデルの提示1 **シナリオ①** 　先生：最近，ご家庭での○○くんの様子はいかがですか？ 保護者：宿題の算数のドリルが難しいみたいです。なかなかやらないので，横について，どうしてもわからないときは，私が答えを教えることもあります。 　先生：お母さん，それはだめですよ！　答えを教えてしまっては宿題の意味がありません。 保護者：そうですね……。すみません。 　先生：今日から，ちゃんと本人にやらせてくださいね。 保護者：わかりました（困った表情）。 所要時間：25分	• 円グラフを示しながら，困った行動は適切な行動を増やすことで少なくなることを伝える。また，適切な行動を増やすほうが，これまで学んできたように，自信がもてたり，やる気が出ることが多いため，視点を切り替えるほうがスムースになることを伝える。 ダメと言われるだけ ではわからない　　⇔　　何をしたらよいか 　　　　　　　　　　　　わかる 状況を嫌いになる　⇔　　好きになる その後の自発的な　⇔　　自発的な行動が 行動が減る　　　　　　　増える 関係が悪くなる　　⇔　　良くなる 頼れない　　　　　⇔　　頼れる 相談できない　　　⇔　　相談できる • <u>その行動が良くないという「叱る」という行動のみでは，どうすればよいのかといった情報が伝わらない。</u> • <u>適切な行動に置き換えて褒められると，どうすればよいのか子どもにもわかりやすい。</u> • できている部分があるのに否定されると，自信がなくなって意欲低下につながること，できている部分を認めて修正点を伝えるほうが，相手の意欲が高まることを確認する。
展開（後半） **シナリオ②** 　先生：最近，ご家庭での○○くんの様子はいかがですか？ 保護者：宿題の算数のドリルが難しいみたいです。なかなかやらないので，横について，どうしてもわからないときは，私が答えを教えることもあります。 　先生：そうですか。横について教えてくださっているんですね。お忙しいのにありがとうございます。いつも，ちゃんと提出しているので，大変だとは気づきませんでした。 保護者：○○はかけ算が難しいみたいです。 　先生：それなら，○○くんにはかけ算の参考プリントを渡しておきますね。 保護者：ありがとうございます。助かります（笑顔で）。	

構　成	ポイントと留意点
展開（後半） 5.　ワーク②（ワークシート 2-38〜 2-40） 「子どもの行動を置き換えて褒める 計画を立てよう」	• 基本のフレームにあてはめて，子どもの困った行 動を置き換えて褒める計画を立てる。 • 困った行動についても，基本的フレームをあては めて考えること，困った行動に秘められた“子ど ものメッセージ”から見える子どもの気持ちや“う れしい結果”を考えることがポイントである。 • 子どもの気持ちを満たす代わりになる行動を考え ること，現状と同等かそれ以上の“うれしい結果” を伴うようにするとよいことを知らせる。
6.　リハーサルと計画の見直し（ワー クシート 2-41） 所要時間：25分	• 立てた計画に沿って，スタッフが子ども役になり， 練習する。 • ふりかえりをしながら計画を見直す。 • 計画が完成したら，スタッフを子どもに見立てて， 繰り返し練習をする。
まとめ 7.　計画発表	• 子ども役のスタッフと一緒に，みんなに計画を発 表する。リーダーは<u>ポジティブフィードバック</u>を して，次に<u>子ども役のスタッフの感想</u>を求める。ス タッフもポジティブフィードバックをする。最後 に他の参加者（1名から2名程度）に感想を求める。
8.　ホームワーク設定（ワークシート 2-42〜2-43） 所要時間：40分	• ホームワークを説明する。

7　これまで学んだことを使って子どもの行動を褒めよう
──実践しながら計画を見直す

　行動のフレームを用いて，子どもの行動のメッセージや維持している要因などを理解してきました。一度立てた計画で成功する場合もありますし，うまくいかないこともあるでしょう。このセッションは，これまで立てた計画を見直したり，子どもの次の不適切な行動に挑戦したりします。一度立てた計画がうまくいかなかった場合に，「子どもは変わらないんだ」と諦めてしまうのではなく，標的とした行動を見直したり，スモールステップで考えることによって，一歩進める可能性があることに気づくことを目標にしています。子どもの困った行動にトライアル＆エラーを繰り返しながらも，挑戦しつづけることの大切さについて気づいてもらうことが目的です。そのため，前回，計画がうまくいった参加者は，違う行動をターゲットにするのもよいですし，うまくいかなかった参加者は計画を再検討する時間にしてもよいでしょう。

　トレーニングする言葉は，設定した状況に合う言葉であれば，変更してかまいません。子どもにぴったりのセリフを入れましょう。ただし，まずは本書のようなひとつの言葉を教え，形をつくります。その後，いろいろなバリエーションの言葉を使えるようにステップを進め，発展させることも可能です。

スルーくんの場合

保護者は，スルーくんが，「弟を叩く」行動を減らしたいと思っています。弟がスルーくんにちょっかいを出したときに，弟への仕返しとして，容赦なく叩くことがあります。そこで，弟に叩かれたときに，叩きかえすのではなく，適切な行動に置き換える計画を立てたいと思っています。

（1）現在の困った行動を行動のフレームで整理する

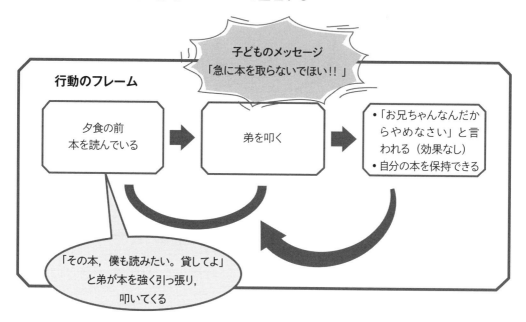

（2）「保護者に言う」という行動を増やす計画を立てる

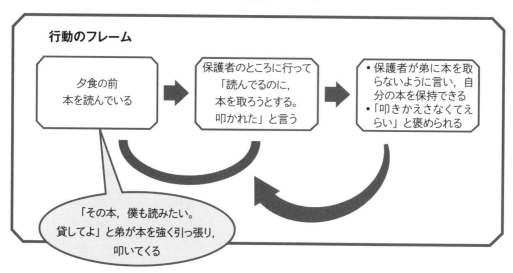

(3) 行動リハーサル

　保護者は，スルーくんと事前に，「弟が叩いてきたり，ちょっかいを出してきて，嫌な気持ちになることがあるよね。スルーくんは悪くないけど，叩きかえしたら，スルーくんも悪いと思う」「お兄ちゃんだから，叩きかえさずに，お母さんに言ってくれたら，お母さんが弟に注意するからね」と伝えることにしました。しかし，急には難しいので，叩きそうになる前に，「そういうとき，どうするんだっけ??」と，ヒントを出すことにしました。

ベタオドくんの場合

トレーニング前

　学校から帰ってきたベタオドくんが，おやつを食べています。

　　　保護者　「今日は，学校で何の授業が楽しかった？」
ベタオドくん　「……」
　　　保護者　「休み時間は何をしたの？」
ベタオドくん　「……」
　　　保護者　「給食は，全部食べられたの？」
ベタオドくん　「……」

トレーニング後

　学校から帰ってきたベタオドくんが，おやつを食べています。

　　　保護者　「今日，スーパーで面白い実演販売していたのよ。つい，買っちゃったのよ」
ベタオドくん　「へー，僕もおもしろいことがあったよ」
　　　保護者　「あら，そうなの？」
ベタオドくん　「たけるくんが，歌いながら踊ってたんだ」
　　　保護者　「楽しそうね。実演販売で買ってきたの，美味しかったのよ」
ベタオドくん　「僕もね，給食のカレーがおいしかったよ」
　　　保護者　「給食のカレーって，おいしいわよね」

ベタオドくんは，学校での様子をあまり話してくれません。保護者は，「子どもが話をするのを褒めよう」で立てた計画を実行してみるのですが，子どもが話す行動をなかなか増やせませんでした。そこで，この回を使って，計画を立て直しました。

　ベタオドくんは，学校の給食の時間が苦手だと感じています。小さい頃から，食べ物の好き嫌いが激しく，学校ではいろいろなものを食べる機会が増えるからです。味覚が敏感なため，特に初めての食べ物は，味見をしてみないとなかなか食べられません。担任の先生は，"1品は残しても大丈夫"と伝えています。しかし，ベタオドくんは，先生に主張できるタイプではないと保護者は認識しています。そして，ベタオドくんが給食で食べられないとき，困っているのではないかと気にしています。

（1）現在の困った行動を行動のフレームで整理する

　以前立てた計画を整理しました。保護者は，今までは，「給食は何だったの？　食べられたの？」という質問をしていましたが，返事がないことが多かったので，質問を具体的にして，「今日はカレーライスだったの？」という質問をする計画を立てていました。一度は返事をするものの，これまで通り，返事をしなくなってしまうので，保護者が楽しそうに好きな食べ物の話をしてみることにしました。

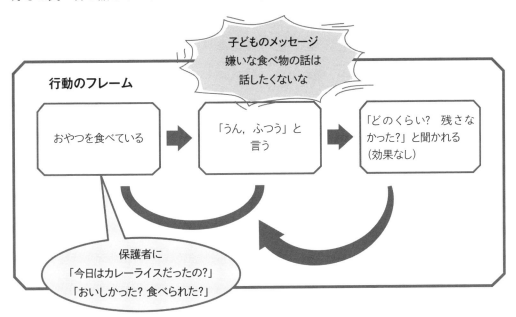

(2) 話し返す行動を増やす計画を立てる

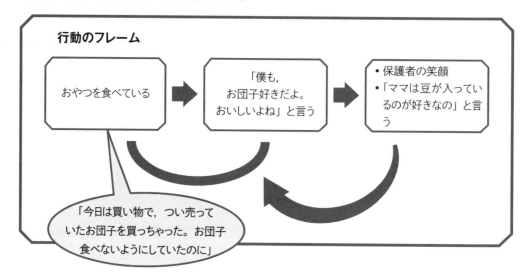

(3) 行動リハーサル

　保護者は，前回の計画では，質問を具体的にして給食について聞くことにしましたが，なかなか継続しないことに気がづきました。そこで，給食の話をやめて，自分の好きな食べ物の話を保護者が楽しそうに話していると，ベタオドくんも，好きな食べ物の話をしてくれそうな気がしました。

これまで学んだことを使って子どもの行動を褒めよう

（1）本セッションの目標

　行動のフレームで考えて成功する場合もあれば，うまくいかないこともあります。トライアル＆エラーを繰り返しながらも，子どもの行動に挑戦しつづけることの大切さに気づく機会とする。

（2）獲得させたいスキル

- うまく対応できなくても，行動のフレームを用いて，再計画を立てることができる。

（3）計画

	構　成	ポイントと留意点
導入	1. 本日の予定を紹介する（ワークシート2-44） 2. 前回の復習をする 3. ワーク① 所要時間：30分	・子どもの困った行動を適切な行動に置き換える方法を復習する。 ・基本のフレームと子どものメッセージを復習する。 ・2〜3人のグループになり，ホームワークをしてみた感想を共有する。 ・前回，立てた計画が成功した参加者は，新たに取り組んでみたい子どもの行動に挑戦する。前回うまくいかなかった参加者は，計画の見直しを行うことを知らせる。 ・2〜3人のグループになり，担当スタッフと参加者に宿題の進行具合や感想を共有してもらう。すべての参加者が話せるように時間配分を行う。
展開	4. 講義（ワークシート2-45） 　「これまで学んだことを復習しよう」	・この回では，モデリングを行わず，基本のフレームの復習後，困った行動を適切な行動に置き換える計画を立てる。<u>計画づくりに半分ほどの時間を費やす。</u>

	構　成	ポイントと留意点
展開	5. ワーク②（ワークシート2-46） 　「子どもの困った行動を適切な行動に置き換える計画を立てよう」 　　　　　　　所要時間：25分	・<u>参加者がターゲット行動を決定する手助けをする。</u> ・<u>問題行動が減少して思い浮かばない参加者には，適切な行動を形成する計画を提案する。</u> ・前回，うまくいかなかった参加者には，ヒントの出し方，状況設定，うれしい結果の見直しを手伝う。子ども役になって子どもの気持ちを伝えるとよい。 ・新たに計画する参加者がまったくできていない行動を標的にしている場合には，少し努力すればできそうな行動を提案する。 ・わかりにくい参加者には，冒頭の2例を用いて説明する。
	6. リハーサルと計画の見直し（ワークシート2-47） 　　　　　　　所要時間：25分	・立てた計画に沿って，スタッフが子ども役になり，練習する。 ・ふりかえりをしながら計画を見直す。
まとめ	7. 計画発表 8. ホームワーク設定（ワークシート2-48～2-49） 9. グループに参加した感想 　　　　　　　所要時間：40分	・リハーサルしたスタッフとペアになり発表する。リーダーは，行動のフレームで整理して良いところを伝える。 ・ホームワークを説明する。 ・グループに参加して，何か変わったことや感想を1人ずつ発表して，変化があったことなどを共有する。

第3章

事例編

第1節 コダワリくんの場合

1 プログラムを受ける前は……

　コダワリくんは，初対面の人でも人見知りすることは少なく，誰かと友達になるのは早いほうでした。学校から帰宅すると，すぐに大好きな電車の本やテレビに没頭する日々です。学校では，思ったことや出来事をそのまま口にしてしまい，「それはそうだけど，そんなこと言わなくてもいいじゃん」と言われたことがあります。また，普通に話しているつもりなのに，友達に笑われることもあります。他人の話を最後まできちんと聞くのは苦手で，前半の言葉だけを聞いて，気がそれてしまうことが多いです。最近，女子からは「そんなこと言うなんて，ひどい」と怒られたり，距離を置かれたりすることが増えました。でも，コダワリくんには，理由がまったくわかりませんでした。

2 「本当のこと」は，「本当のこと」でも……

　第2章第1節「ソーシャルスキル・トレーニング」の支援計画①"上手に話を聞こう"のセッションでは，「話しかけられて言葉で答えているけど，言葉で答えるだけではいけないんだ」と気づいたようです。「読んでいる本を閉じて，相手の目を見て，相手に体を向けたほうが，話を聞いてもらったように相手が思うんだな」とわかったコダワリくんは，リハーサルで練習すると褒められて，とてもうれしかったようです。支援計画③"相手の気持ちを考えて話を聞こう"のセッションになると，「気持ちを考えるのは難しい，苦手」と言っていました。予定が崩れてしまうとイライラするようで，「給食が遅れる」などお皿を落とした相手に言ってしまうことがあります。支援計画④"相手の気持ちを考えてあたたかい言葉をかけよう"のセッションでは，相手にどのような言葉をかけるべきか，なかなか言葉が出てきませんでした。リハーサルを行うなかで，「〜すれば，できるよ」と声をかけることができました。また，支援計画⑥"気持ちのよい断り方をしよう"のセッションでは，「できないということを伝えるだけでなく，理由や，謝りの言葉，代わりの約束を言えばいいんだ」と気づきました。コダワリくんは，「本当のこと」は，言うと相手が嫌な気持ちになる場合と，そうでない場合があるということに気がついたようです。

3 "没頭する"前にキャッチ戦法

　学校から帰宅するとコダワリくんは，ゲームに一目散で，会話はほとんどありませんでした。第1回の"子どものあいさつを褒めよう"のセッションで状況設定と褒め方とを学んだ保護者は，帰宅したところを玄関で出迎えるとあいさつできることに気がつきました。第2回の"話をすることを褒めよう"のセッションでは，「興味があるところは，話せるけど，私が知りたいところを話すのはコダワリくんには，少し難しいのかも」と感じました。そこで，学校から帰ってきて，ゲームに没頭するまえに，コダワリくんの好きな話を聞くように心がけると，話をしてくれることが増えました。第3回の"子どもが話を聞くことを褒めよう"のセッションでは，保護者は，コツをつかみつつあり，コダワリくんが夢中になる前に指示を出す，といったタイミングを重視するようになりました。

　夕食やお風呂などコダワリくんが行わなければならないスケジュールは，テレビが終わった瞬間，ゲームがクリアしたタイミングなどを，瞬間的に保護者がとらえて約束するようにしました。これまでは，「言っているのにやらない」と，宿題，夕食，入浴に動けないことをコダワリくんのせいにしていました。結果的に言いつづけて，叱ってしまいます。"とにかく，コダワリくんが何かに没頭してしまう前にキャッチして指示を出すと，できることが増える"と保護者は感じています。

4 プログラム全体を終えて──コダワリくんと保護者の変化

　家で保護者が話しているときに，「そうなんだ」とコダワリくんが言ったそうです。保護者は，そのときに，"子どもとの関わりを楽しむ"というのはこういうことなのかと気がつきました。「これまでは，話を聞かないコダワリくんを，叱ってばかりでした。でも，そんな対応しかできなくても，コダワリくんは，話を聞こうとしてくれるんだ，と思ったらうれしくなりました」と保護者は気持ちを吐露して，ほかの保護者から励まされていました。その後，コダワリくんが何かに夢中になる前に声をかけることがうまくなっていました。これまでは，「聞かないコダワリくんが悪い」と一方的に決めつけていましたが，今では，「おっと，声をかけそびれたから，○○の後にしよう」と，コダワリくんのペースに合わせることが大切で，できたことをきちんと認めてあげたいと感じています。

第2節 ベタオドくんの場合

1 プログラムを受ける前は……

　ベタオドくんは，幼少期から引っ込み思案でした。保護者と公園に出かけても，知らない子どもが遊んでいると，保護者の後ろからほかの子を観察していました。小学校高学年になった今も，たくさんの友達のなかに入っていくのは苦手で，話しかけられるのを待っています。比較的仲が良い子とは，好きなゲームの話などをしています。あまり話したことのないクラスメイトに話しかけられると，黙ってしまって，答えることができないこともあります。ベタオドくんは，とても優しい一面があり，困っている友達を見ると，気にしたりしています。そんなときも，友達に声をかけられないことが多いようです。

　家では，保護者にスキンシップを多くして甘えることが大好きです。保護者は，"高学年になっても，こんなに甘えん坊でいいのか"と心配して，抵抗を感じています。また，学校でストレスがたまっているのか，機嫌が悪いときもあります。「僕には友達なんていないんだ」と言うときもあり，保護者はますます心配になっていました。

2 なんとなく一緒にいる技術

　第2章第1節「ソーシャルスキル・トレーニング」の支援計画①"上手に話を聞こう"のセッションでは，「友達のほうを見ること，うなずくことはできそうだ」と思いました。今までは，友達に話しかけられても，どうしてよいかわからず，答えられませんでした。また，トレーニングでは，スタッフや友達に，自分の良いところを褒められて，とてもうれしく感じました。支援計画③"相手の気持ちを考えて話を聞こう"のセッションでは，「それは嫌だったね」と保護者に言葉をかけることができました。今までは，困っている友達がいても，大丈夫かなと思いながらそっと見ているだけでした。支援計画④"相手の気持ちを考えてあたたかい言葉をかけよう"のセッションでは，何回か練習すると，「大丈夫？」と声をかけることができました。支援スタッフや友達が「声をかけてもらって，安心した，うれしかった」とベタオドくんに伝えると，とてもうれしそうでした。支援計画⑤"上手に仲間に入ろう"のセッションは，ベタオドくんにとって，最も苦手なスキルがテーマで

す。練習では友達に話しかけられなくて、おろおろしていたのですが、支援スタッフに「今、行ってみようか」と言われると、「ねえねえ、何の話しているの？」と聞くことができました。ベタオドくんは、「たくさん話すことができなくても、少し答えたり、少しあいづちを打てば、友達と一緒にいられるんだ」と気づきました。

3 べたべたも使って，ホワイトボードも使って

　第2章第2節「ペアレント・トレーニング」の支援計画②"話をすることを褒めよう"のセッションでは、「保護者の気になっていることに関する質問ばかりすると、本人にとって嫌な体験になってしまいますね」と支援スタッフが説明しました。保護者は、「嫌なことを話してストレスを発散してほしい」と思っている一方で、ベタオドくんが話した内容を聞くと、ついつい指導的な口調になっていたことに気がつきました。「まずは、あの子が話したそうなことから聞いてみよう」と考え、ベタオドくんが、べたべたしてくるときに、好きな図工について質問をすることにしました。保護者は、「話を聞くときは、指導的にならず、聞くことに徹して、会話を楽しもう」と心に決めました。

　支援計画③"子どもが話を聞くことを褒めよう"のセッションでは、支援スタッフに「ベタオドくんは、多くを聞き取るのが苦手なのかもしれませんね」と言われました。そこで、指示をする場合は、ホワイトボードに書きながら伝えるように計画しました。"できたら消す"というルールを作ったところ、学校から帰ってきて、ホワイトボードを見て、自分からできるようになりました。

　保護者は、ベタオドくんを駆り立てるように指示を出すことがなくなり、できたことを褒めてあげることが、前よりできるようになりました。べたべたしてくる間も会話をして、コミュニケーションを楽しむことにしました。ベタオドくんの家での癇癪（かんしゃく）もほとんどなくなりました。

4 プログラム全体を終えて——ベタオドくんと保護者の変化

　これまでよりも、ベタオドくんは、友達に話しかけることが少し増えました。学校の担任の先生も、「前より、表情がニコニコしている」と言っていました。以前は保護者も、ベタオドくんに接するときには、イライラしていました。今でもイライラすることがありますが、指示の出し方、行動のあとに褒めることを気をつけて実践しています。「ベタオドくんは、引っ込み思案で心配なところも多いけど、お友達のことをよく見ていて、優しい面があるから、周りにもわかってもらえるといいな」と思えるようになりました。

第3節 グイオシちゃんの場合

1 プログラムを受ける前は……

　グイオシちゃんは，幼少期からおしゃべりが大好きで，人見知りをしません。見知らぬ人でも自分の伝えたいことがあると，普通に話しかけに行っていました。小学校入学前は，電車に乗って「なんか，臭いよ」など，思ったことを口に出すので，保護者をハラハラさせていました。知らない人には話しかけないと言い聞かせつづけて，小学校に入って，守れるようになってきました。

　今でも話をすることが大好きで，一度話しはじめると止まりません。質問された内容と無関係な，自分の話したいことを勢いよく話します。家でも，保護者に一方的に話します。保護者は聞くことにうんざりして適当なあいづちになったり，「いい加減にして」と言ってしまうこともありました。

2 目指せ！　聞き上手マスター！

　第2章第2節「ソーシャルスキル・トレーニング」の支援計画③ "相手の気持ちを考えて話を聞こう" のセッションでは，はじめは，あいづちを打って聞いてますが，定着化のゲームになると，楽しくなり，自分のほうが多く話していることに気がつきました。「気をつけなきゃ，続けるのは難しいのね」と思いました。友達と話をするとき，前よりは話を聞くことを意識するようになりました。ホームワークで，保護者の話を聞いたところ，保護者が笑顔で「聞いてくれてありがとう」と言ってくれたそうです。保護者も，「いつも一方的に話すから，聞くのが嫌になってしまっていたけれど，意識すれば話が聞けるのね」と，グイオシちゃんを認めることができました。支援計画④ "相手の気持ちを考えてあたたかい言葉をかけよう" のセッションでは，相手の気持ちを考え，どんなことを言えばよいか考えるのが楽しいようでした。相手が困っているときは率先して「どうしたの？」「先生に言おうか？」などと話しかけることができます。支援計画⑤ "上手に仲間に入ろう" のセッションでは，話している友達の様子を見て，タイミングをはかる必要性があることに，はじめて気がつきました。今までは，意識せず，普通に話しかけることが多かったの

です。「私は話したいと思っても，友達が話したいと思っているかどうか，考えたほうがいいんだ」と思いました。"いつもついつい楽しくなって，自分のことばかり話してしまっていた。聞くのが上手な人って，すてきだな"と感じています。

3 "事前にしっかり伝える"が成功のカギ

　グイオシちゃんが保護者に話をするとき，自分の興味のあることを一方的に話すことが多いです。保護者は，グイオシちゃんに，まったく知らない話を長々とされるので，返事をしなくなったり，「いい加減にして」と言うことが増え，罪悪感を抱いていました。保護者が知りたいこと（どんな係になったのか，友達とはどんな話をしたのか）については，話してくれていないので，第2章第2節「ペアレント・トレーニング」の支援計画③"子どもが話を聞くことを褒めよう"のセッションで取り組むことにしました。保護者が知りたいことについて，具体的に質問をしてみるという課題を設定しました。「今日の係決めで，何の担当になったの？」と具体的に聞くと，的確に返答してくれました。保護者がグイオシちゃんが次の話をする前に褒めると，うれしそうな顔をして，会話をすることができました。

　支援計画⑤"子どもの困った行動を適切な行動に置き換えて褒めよう"のセッションでは，手伝いを先に引き受ける妹に，グイオシちゃんが暴言を吐くという問題に取り組みました。取り組んでみると，グイオシちゃんに妹への嫉妬心や認めてほしい気持ちがあるということがわかりました。そこで，「お姉ちゃんにお願いがある」と声をかけると，妹よりも先に，お手伝いすることができました。「さすがお姉ちゃん」と褒められると，うれしそうな顔をしました。「最近は，お風呂で妹の体を洗うのを手伝ってくれるんですよ」と，保護者は褒めることの大事さを身をもって経験しました。

4 プログラム全体を終えて──グイオシちゃんと保護者の変化

　保護者はグイオシちゃんの認めてほしい気持ちに気づき，その気持ちを尊重できるようになりました。保護者とグイオシちゃんが話していて，話す内容が一方的になってくると，「お母さんは，どんな質問をしたかな？」「お母さんは，今聞いてほしいな」と気づきを促すようにしています。最近では，「あ，また○○の話をしちゃった」と，グイオシちゃんが自分で気づけるようになってきています。

第4節 スルーくんの場合

1 プログラムを受ける前は……

　スルーくんは，他人は不可解で予測できないと感じていました。小学校入学後も，相手に話しかけられても何を求められているのかわからず，黙っていることがほとんどです。クラスメイトが悪気なく，「スルーくんのTシャツ，ズボンに全部入っているね」と，スルーくんにちょっかいを出すことがあります。スルーくんは，特にTシャツを直すこともせず，無反応です。反応がないと，クラスメイトがよりちょっかいを出すことがあり，怒って，叩いたりすることがあります。そのようなとき，スルーくんは，"急に嫌なことをされた"と，友達と関わらなくなりました。一方で，友達の鉛筆を取るなどのちょっかいを出すようにもなりました。スルーくんには人と関わりたい気持ちがあるようです。保護者は，友達と関わりたい，気を引きたいという気持ちを，スルーくんがうまく表現できていないことを心配しています。

2 決まりを覚えてその通りにすれば，とりあえずOK

　第2章第1節「ソーシャルスキル・トレーニング」の支援計画①"上手に自己紹介をしよう"のセッションでは，どのようなことを言えばよいのかわかったようです。支援計画③"相手の気持ちを考えて話を聞こう"のセッションでは，スルーくんは，話を聞いていないという意識はありませんでした。しかし，"この人は僕に何を求めているのかな？　わかんない"と考えていました。相手のほうを見ないで無言でいるため，「聞いてる？」と尋ねられ，そのうち友達が去っていくのでした。トレーニングの結果，相手が自分に何を求めているかわからないけれど，相手のほうを向いてあいづちを打てばよいということを知りました。リハーサルやホームワークで練習することで，話しかけられたときの反応ができるようになってきました。

　クラスメイトが，スルーくんの好きなキャラクターがいるゲームの話をしていると，"話したい"と思うことがあります。支援計画⑤"上手に仲間に入ろう"のセッションでは，「ねえねえ」というだけでもよいと知ったので，休み時間に友達に近づいてみました。「ね

え……」と声を出すと,「あ,やる？」と友達が気づいて,輪のなかに入ることができました。支援計画⑥ "気持ちのよい断り方をしよう" のセッションでは,誘いを断るときは「断りの理由を述べたり,代わりの約束を言えばいいんだ」と知りました。"学校が終わってから,近くの公園で遊ぼう" とクラスメイトに誘われました。これまでは,反応できないことが多かったのですが,"今日は,塾だから4時までなら遊べる" と伝えることができました。クラスメイトは,"最近,スルーくんの顔が笑っているときがある" と感じています。

3　フレームイン＆ユーモア作戦

　普段,家では,挨拶をしてもニヤッと笑うだけで,あいさつを返すことはほとんどありません。支援スタッフから,「ニヤッとするなら,保護者からの働きかけがうれしいのでしょうか？」と聞かれたときに,「たしかに,喜びは薄いけど,喜んでいるような気がする」と保護者は感じました。あるとき,「ツンデレですね」と支援スタッフに声をかけられ,楽しい気持ちになり,視点が変わったように思いました。スルーくんの反応が薄くても,まず,スルーくんの視界に入って,楽しみながら声かけをしてみることにしました。

　スルーくんは,一人で遊んでいるとき,弟にちょっかいを出されると,やりかえして喧嘩になっていました。第2章第2節「ペアレント・トレーニング」の支援計画⑥ "これまで学んだことを使って子どもの行動を褒めよう" のセッションでは,"スルーくんが弟を叩く" という行動を "保護者に報告する" に置き換えるような計画を立てました。はじめは,うまくいかないこともありましたが,スルーくんが弟を叩きそうになる前に声をかけると,状況を話せたので,"叩かずに,保護者に言えてすごい！" とスルーくんに伝えることができました。弟には,お兄ちゃんが一人で遊びたいときは,待つように説明しました。

4　プログラム全体を終えて──スルーくんと保護者の変化

　スルーくんは,クラスメイトと関わる時間が増えました。それに伴って,クラスメイトが過剰にちょっかいを出すことも減り,スルーくんがクラスメイトを叩くことも減りました。保護者は,支援スタッフとのやりとりのなかで,"反応が薄いからダメではないんだ" "スルーくんの個性を楽しもう" という気持ちになりました。ある日,スルーくんが脱いだ服をそのままにしていました。スルーくんに "すごい,この服,高く積み上がりすぎて,保護者持っていけない！" とユーモアたっぷりに声かけしました。すると,スルーくんは,ニヤッと笑って,服を持っていきました。

第**4**章

問題解決
編

第 1 節

ソーシャルスキル・トレーニングで こんなことに困ったら？

❶ 部屋の物陰に隠れて着席できない場合

　ソーシャルスキル・トレーニングでは，子どもが指示通りに着席できないことがあります。たとえば，保護者と子どもが部屋に入った後，子どもが着席せずに，部屋の後方にある机や機材の後ろに入り込んでしまったとします。支援スタッフが声をかけても，何か答えているようですが，機材の後ろから出ようとはしません。トレーニングの時間になっても，機材の後ろからは出てきません。このときリーダーは，「機材の後ろに入り込んでしまう行動が，周囲の注目を得ることで維持されている」という仮説を立てました。そのため，機材の後ろに入り込んでいることに対し，出るように促すことはせず，課題を行うような行動を提案したり，少しでも出てきた場合にしっかりと注目を与えるようにして，適切な行動は強化し，不適切な行動には対応しない（消去）ようにしました（分化強化）。最終的には，着席でき，課題に取り組む時間が増えました。

　人からの注目が強化子として機能している場合，機材の後ろに隠れたときに，支援スタッフが近くについてしまったり，定期的に声かけをすると，不適切な行動が維持されることがあります。このような場合は，他の参加している子どものサポートに入って注目を与えない，といったスタッフ間での連携が必要です。

❷ 妨害するような発言をする場合

　リーダーの進行に，否定的な発言をする子どももいます。リーダーが進行している最中，「そんなことない，友達なんていらない」といった，進行を妨害するような発言をする子どももいます。もし，本心からそのような発言をしている場合，発言を否定したりせず，「そうだね，そういう風に思う人もいるよね」と受け入れましょう。または質問を変えて，「困ったときに助けてくれる友達はいるほうがいいかな？」と子どもに寄り添い，その子どもにとってのメリットがあるか考えながら，質問しましょう。時に，否定的な発言が注目を得ることで維持されている場合もありますので，大げさに「そんなことないよ」と言うなど，他の子が注目してしまうような発言は控えましょう。

人からの注目が強化刺激として機能している場合は，とても多くあります。リーダーが発言をすることで注目を集めるので，発言内容にかかわらず，注意を向ける際には，行動を強化してしまう可能性を考えながら発言しましょう。

3 保護者から離れられない場合

　ソーシャルスキル・トレーニングの初回時，保護者の隣にずっと座っている子どももいます。支援スタッフが数回，席に着席するように促しましたが，保護者から離れようとしません。そこで，進行中は，補助スタッフが時折サポートし，保護者が子どもに話しかけるようにし，保護者の隣でワークなどを行いました。補助スタッフが，「○○ちゃん，すごいね，本当によくわかるね」など，ワークでの取り組みを褒めました。リハーサルでは，補助スタッフが隣について，自己紹介の練習を行い，自己紹介の発表を行いました。ゲームでは，自分の好きなキャラクターが出てきたこともあり，みんなと一緒に楽しそうに取り組むことができました。支援計画②のセッションでは，保護者の近くに席を準備し，補助スタッフが促すことで着席できるようになりました。

　新しい場面に不安を抱きやすい子どもが参加していることはよくあります。数回促しても，保護者から離れない場合，それ以上は強制しないことが重要です。一度，怖い経験をすると，次回から来られない可能性があるためです。不安が強く，緊張をしている場合，場所や課題内容，補助スタッフに慣れるまで，時間をかけながら，グループに継続して参加できることを優先します。

4 参加を拒否する場合

　学校に行き渋っている子どもが参加することもあります。学校での担任との関係がうまくいかず，教室に入れない経験をもっている子どもがいたとしましょう。学校では，保護者が付き添い，強い態度で，教室に入るように促すと，「やだー」「うー」などの声を出し，地団太を踏んで，抵抗します。学校と同じように，ソーシャルスキル・トレーニングでも，同じように拒否する可能性があります。保護者が「座りなさい」と促すと，保護者の手を引っ張り，「やだー」などの大声を上げることがあります。保護者が強い態度で参加を促すことが，子どもの「やだー」という大声と地団駄を誘発していると考えられました。そこで，リーダーは保護者と打ち合わせを行い，着席させようと促すことをやめてもらいました。その代わり，「今日のプログラム，面白そうだね」といった言葉を子どもにかけてもらいました。すると，参加を拒否するような行動は見られなくなりました。

「やだー」という大声は，保護者の「入りなさい」といった要求がある場合に起こると想定されました。机に着席することを目標にせず，課題の内容を聞いてもらうことや，課題に取り組んでもらうことを目標としましょう。

5 注目を極端に嫌がる子どもが参加する場合

リーダーが話しかけるなど，注目が子どもに向きそうなときに，緊張してしまう場合や，「もうやだー」などと叫んで非常に嫌がる場合があります。そのような場合，注目が集まるように話しかけることは避け，課題に取り組んでいるときに声をかけたり，子どもと補助スタッフのやりとりを中心にしましょう。また，子どもが好きな活動に集中している場合，注目されても嫌がらないこともあるので，子どもの様子を見極めて，嫌がらない状況で発言してもらうなどの工夫をしましょう。

「注目」が強化子として機能しない可能性があることを念頭に置きましょう。この場合，全体に合わせて発言してもらうことばかりを目標とせず，課題の内容を聞いてもらうことや，課題に取り組んでもらうことを目標とし，近くにいる補助スタッフが，課題ができたときに褒めるようにしましょう。

6 他の参加児童がワークを終えるのを待てずに，手遊びや落書きをする場合

多動や衝動性がある子どもが参加することも非常に多いでしょう。ワークの際に，さっと取り組みはじめ，速く書くことができる一方，待つのが苦手な子も多くいます。待っている間に，手遊びやワークシートの裏に絵を書いたりする子どもがいました。このような場合，支援スタッフが，「書いている人を待てるように練習しよう」と子どもに声をかけると，手をひざに置いて待つことができました。しかし，すぐに絵を描きだしてしまいます。そこで，手をひざに置いている絵を提示して，手をひざに置いた姿勢を維持させて，徐々に待つ時間を延ばしていきました。

待つのが苦手な子どもには，待つように指示したり，落書きをやめるように指示するよりも，まず，待つときの行動について具体的に視覚的にわかるように示し，行動レパートリーを獲得させます。次に，徐々に待つ時間を延ばしていくようにしましょう。不適切な行動を減らすのではなく，適切な行動を増やす働きかけが大切です。

⑦ 離席する場合

　早くワークを終えた後に，待てずに，離席してしまう場合があります。何かが気になるのか，リーダーのところに出てきて，掲示物をさわることがあります。そこで，リーダーが子どもに，「あと何分待てる？」と尋ねたところ，子どもは「30秒」と答えました。リーダーがキッチンタイマーを準備して30秒計ったところ，子どもはその間待つことができたため，補助スタッフとリーダーで賞賛しました。次に，「あと何分待てる？」と聞いた際には，待つのが嫌であったのか「5秒」と答えたのですが，「○○くんなら，もっと待てるんじゃない？　30秒待てたんだもん」と言うと，「じゃあ，40秒」と答え，「40秒も待てるなんてすごいね」と賞賛しました。

　離席したことを注意するよりも，自分で座る時間を決めて，座れる場合はそのように声かけをしましょう。もし，多動や衝動性の強さから離席する場合は，スタッフが側に控え，立とうとしたタイミングで，言葉のみではなく，さりげなく身体的誘導（肩に手を置く，体を横にしにくいように椅子に深く腰かけさせる，立ちにくい場所にスタッフが寄り添う，立った瞬間に前に立ちはだかる）を用いて，自ら立ってしまっていることに気づくように支援します。自分で座ることができたら，賞賛するようにし，自己調整できるように促していきます。

⑧ トレーニング課題が難しいと想定された場合

　参加児童のなかには，他の参加児童がそろうまで待つ，課題をしているのを待つといったことを，非常に苦痛に感じる子もいます。また，注意・集中力・動機づけの問題から教示を聞くことが困難な場合もあります。そのような場合，集団の性質を考慮し，全体の教示を短くしたり，自由時間をこまめに入れるなどの工夫をすることで，実施が可能となることがあります。自由時間や友達とのやりとりは，例として，①自由タイム（全員がそろうと想定される時間），②上手な話の聞き方（ソーシャルスキル・トレーニング），③休憩タイム，④ゲーム（スキルの般化・維持を目的とする），⑤ふりかえり，⑥おわりのあいさつ，といったように全体の予定を少し変更しながら，ソーシャルスキル・トレーニングの内容を実行します。

　グループの性質に合わせて，時間配分や全体スケジュールを微調整しながら，トレーニングを実施していきます。

第2節 ペアレント・トレーニングでこんなことに困ったら？

■ ペアレント・トレーニングの効果について疑問を投げかけられた場合

（1）「まったく褒める部分がないが褒める必要があるのか」「このプログラムを受けることでどのくらいの効果があるのか」

　保護者が，子どもの将来を心配するあまり，"効果"にこだわったり，結果が気になったりするのは当然であることを理解することが大切です。ペアレント・トレーニングの節の「導入の前に」に記述してある通り，お互いの役割を尊重した良い信頼関係を築いていくと，"効果"に目が向くことが減り，現在取り組んでいることのメリットを，落ち着いて見ることができるようになっていきます。

（2）「レベルを落として褒めることが，子どもにとって，いいことだとは思えない」

　このように思っている保護者には，独立した良い信頼関係を築きつつ，スモールステップで実践することの大切さを経験できるように工夫しましょう。階段の段差を小さくすれば，少しずつ登れますが，段差が高くなると，なかなか登ることができません。つまり，子どもに対する保護者の要求水準が高い場合，"子どもの年齢相応の目標を立てることを諦めないことが重要である"と，保護者に理解してもらいましょう。そのうえで，スモールステップで対応することによって，目標に近づくことを体験してもらいます。ペアレント・トレーニングの取り組みのなかで，「ここは，この子にとって，とても難しいことなのかもしれない」といった気づきや，時には諦め，子どものできる水準の理解などを通して，子どもの個性を味わうという体験を一緒にできるようにしましょう。

（3）「褒めることで行動が変わるとは思えない」「なかなか子どもを褒めることができない」

　特に，家庭で子どもとの関係に悩み，"かわいい"と思えなくなっている保護者は，子どもの肯定的な側面が思い浮かばない状態に陥っていることが多くあります。この場合は，子どもに対するネガティブな発言を否定することはせずに，共感やねぎらいをしていきましょう。また，褒めることが難しいというところも，皆で共有しながらグループを進めましょう。さらに，褒めるということに執着せず，認める，あるいは「アイコンタクト」や「保護者がニコニコしていること」でもよいと伝えていきましょう。そのためには，褒める

ことにこだわらず，笑いや，子どもの好きなフレーズを盛り込むなど，コミュニケーションが楽しくなるような支援計画づくりに心がけましょう。

特に導入期は，方針に賛同しにくい保護者がいる場合があります。場を改めて主旨や意義を説明するよりは，他の参加者と同じ場でプログラムの意図を丁寧に説明するほうがよいでしょう。他の参加者が支援計画に取り組む姿勢を見たり，支援者との関係ができることで安心したり，自身が取り組んで手ごたえを感じたりするうち，徐々に考えが変わっていきます。

❷ 自分が褒めても子どもは関心を示さないと訴える場合

　保護者から，「子どもの行動を褒めているときに，すでに子どもはゲームなどのご褒美に関心が向いていて，保護者の言葉かけは耳に入っていないようなので，褒める効果がないように感じる」と訴えがありました。子どもの特徴から，保護者が喜ぶようなリアクションを示さなかったり，すぐに注意が移ってしまうことがあります。まずやりたいことに夢中になり，褒めたときに子どもの反応が薄いという場合の，保護者のさみしさや残念な気持ちを共有しましょう。うまくいかないことをねぎらいながらも，そのうえで，子どもの特徴を一緒に確認し，"○○ちゃんっぽいよね"と，刺激に反応しやすい発達特性を確認し，"そういえばそういう子だった"と，保護者の気づきが得られるようにしましょう。このプログラムで重視する対応は，言葉で褒めることのみではなく，行動の後に適切に"子どもにとって，うれしいこと"をもたらすことです。褒める以外にも，子どもの好きなキャラクターの物まねをしてみたり，好きなフレーズを言ってみたりして，楽しい時間を共有するような声かけでもよいと伝えましょう。

別のタイプの子どもでも，反応が期待されるものと異なる場合は，保護者が喪失感やさみしい気持ちを抱くことがあります。支援者は，その気持ちに十分共感しながらも，子どもの特徴を共有して，「態度で示していなくても，保護者への愛着はある」ということを具体的な行動を示しながら確認するとよいでしょう。

❸ 保護者に衝動的な面が見られ，計画が成功しにくい場合

　保護者が計画に沿えず場当たり的に関わった結果，計画が成功しにくくなることがあります。まずは保護者をねぎらい，うまくいかない場合の気持ちに共感したうえで，計画のポイントを一緒に確認しましょう。たとえば「食事を終えかけたときに，すかさずお願い

するんでしたよね」「帰宅した気配がしたら，玄関までさっと行くんでしたよね」など，計画を端的に伝えることも重要です。そして「"素早く""すかさず"がポイントですから，難易度が高いですよね」と工夫すべき点を強調して伝えましょう。

 保護者を否定せずに気づきを促すには，はじめに計画したことを，保護者の言葉を引き出しながら一緒に再確認するとよいでしょう。

4 保護者が子どもの意図や子どもにとっての行動のメリットを考えにくい場合

　保護者が，子どもの行動や考え・気持ちを想像するのが苦手という場合があります。たとえば，不適切行動を取ったときの子どもの意図や子どものメッセージとして，子どもにとってのうれしい結果を考えることが難しい場合があります。計画を練り，ロールプレイを行いながら家庭での子どもの様子を再現し，「この状況ではこんなことを考えているのでは？」「こういう状況だとこうしてしまうのでは？」など，状況と子どもの考えや行動を保護者に示して，具体的に整理して計画を立てるとよいでしょう。

 このほかにも，意図を汲み取りにくい，考えをまとめにくいなどの保護者の課題が考えられます。子どもの支援が中心であっても，保護者の特徴を事前に把握しておきましょう。保護者が内容を完全に理解できなくても，1つでも子どもへの対応のレパートリーを増やし，子どもとの関わりを楽しめるようになるといいでしょう。

5 保護者が子どもの否定的行動のみに注目する場合

　子どものんびりしたペースが許せずに，できていない部分に注目が向き，怒りや落胆につながりやすいこともあります。思春期になってくると，保護者のペースに力づくで合わせようとすると，子どもは反発するようになっていきます。
　保護者の関わりは十分にねぎらい，子どものペースにいら立つ気持ちに共感する一方，「やきもきしますね」などのコメントに留め，否定的な感情を聞き出しすぎないようにしましょう。思春期を見据えて，子どもと話ができる関係づくりは重要であることにふれ，子どもとの関わりを楽しめる状況を整理しましょう。関係の改善に時間がかかることは多いのですが，実際に計画を工夫して成功するなかで，保護者が子どもの良い面に気づくようになっていくことが多いです。

第4章
4
問題解決編

親子のタイプが異なる場合は，子どもに対する期待と現実のギャップが生じやすいものです。共感はしても，子どもを否定する意見は扱わないようにして，子どもの認められる良さを繰り返し伝えていきましょう。子どもの気になる点は，裏を返すと，良い部分でもあります。"A君なら〜してしまいそうですね。でもそこが一所懸命なところでもありますよね"などと，"その子らしさ"としての文脈に置き換えて伝えつづけるとよいでしょう。

6 子どもの一方的な態度に保護者が疲れたり怒ったりする場合

　子どものエネルギーに対応できずに，保護者が疲れてしまっている場合，"子どもの行動にしっかり対応しましょう"というスタンスを取りすぎないようにしましょう。"ちゃんとできなかった"と保護者が思うことで，より疲れてしまう場合もあります。子どものコミュニケーションが積極的で一方的になりがちな場合，"今は忙しいから，後で話を聞いてもいい？""お互い，1分ずつしゃべろうね""お父さんが帰ってきたら，聞いてもらおう"など，対応は自分のみではなく，負担を減らすような対応もよいでしょう。

"一人でやらなければ""保護者としてきちんと対応しなければ"と追い詰められている場合，よりつらくなってしまうことがあります。うまくサポーターを活用すること，うまく実施できなくても息抜きしてよいと伝えていきましょう。

7 保護者の自己主張が強い場合

　保護者は意見をはっきりと主張できるタイプで，意見を求めたときに必ず話してくれるものの，話が長くなったりして，結果的に他の参加者が発言しにくくなることがあります。「ありがとうございます。いつも口火を切ってくださるので，みなさんの気持ちがわかって助かります」などと感謝を述べながら「今日は○○さんにも意見をいただきたいのですが……」と，他の保護者に話を向けてみるとよいでしょう。

保護者のなかにも自己主張の強い方，受動的で意見を言いにくい方など，さまざまなタイプがいます。話し合うメンバーの構成を工夫することで，受動的な保護者は話しやすくなることがあります。また，悩みが正反対の保護者も一緒に組むことで，日頃のつらさを軽減できることがあります。うまくグループを組むことで，それぞれの保護者が刺激しあい，良い交流がもてるようになります。

あとがき

　2020年は世界中の誰にも予想のつかない人類危機に見舞われた年となってしまいました。コロナ禍という言葉がニュースで出てこない日はありません。ソーシャルディスタンスで繁華街の賑わいが消え，街頭を歩く人たちはマスクをつけ笑顔も表情も見えづらく，生活風景が一変してしまいました。このなかで，大きな影響を受けたのは子どもたちです。始業式から授業の開始まで2カ月あまり休校状態になってしまい，外出もできず家庭での生活を余儀なくされました。特に発達障害の子どもたちにとって，困難な時期だったと言えるでしょう。見通しを持てず，外遊びができないのでオンラインゲームに集中し，生活リズムが乱れてしまいました。しかし，もっと大変だったのは学校が再開してからでした。部分登校の時期はまだよかったのですが，フル登校になって発達障害の子どものなかには，大勢の生徒がいる学校生活に適応できず，コミュニケーションがうまく取れないことから疲れてしまい，学校に行けなくなる場合もみられました。学校でも家庭でも，子どもの困った行動やイライラ感が目立ち，これに対して養育者はどうしても叱る場面が増えてしまいました。養育者も子ども同様に疲れているのです。家庭での児童虐待件数が増えているとの報告があります。子どもへのソーシャルスキル・トレーニングとペアレント・トレーニングは養育に困難さを抱える両親の支えとなるでしょう。コロナ禍はまだしばらく解決しないかもしれません。不確実な世の中にあって翻弄されやすい発達障害の子どもと家族を支援するために，本書が医療，教育，福祉の現場で大いに活用されることを期待します。

　2020年10月

作田亮一

監修者略歴

山本淳一
（やまもと・じゅんいち）

慶應義塾大学文学部教授。文学博士，臨床心理士・公認心理師・臨床発達心理士。
慶應義塾大学文学部社会・心理・教育学科心理学専攻卒業。同大学大学院社会学研究科心理学専攻修士課程・博士課程修了。明星大学人文学部講師／助教授，筑波大学心身障害学系助教授，慶應義塾大学文学部助教授を経て，現職。University of California, San Diego（UCSD）Visiting Scholar（2007-2008年）。
主著　『0〜5歳児 発達が気になる子のコミュニケーション力育て——5つの力からアプローチ』（監修・学研プラス・2020），『リハビリテーション効果を最大限に引き出すコツ［第3版］』（共編・2019・三輪書店），『ケースで学ぶ行動分析学による問題解決』（責任編集・金剛出版・2015），『できる！をのばす行動と学習の支援』（共著・日本標準・2007），『応用行動分析で特別支援教育が変わる』（共著・図書文化社・2005），『ことばと行動』（責任編集・ブレーン出版・2001）ほか多数。　　　　　　　　　　　　　　　　　　　　　　［はじめに・第1章第2節］

作田亮一
（さくた・りょういち）

獨協医科大学埼玉医療センター子どものこころ診療センター教授。
日本大学医学部卒業。国立精神・神経医療研究センター神経研究所研究員，獨協医科大学越谷病院小児科准教授，トロント大学小児病院（カナダ）神経病理リサーチフェローを経て，現職。
主著　ブライアン・ラスク＋ルーシー・ワトソン『わかって私のハンディキャップ3 摂食しょうがい 食べるのがこわい』（監修・2016・大月書店），『子どものこころ医療ネットワーク——小児科＆精神科in埼玉』（共同監修・2012・批評社），『音楽で育てよう 子どものコミュニケーション・スキル——発達障害の子どもと親と支援者のための音楽療法プログラム』（監修・2011・春秋社）ほか多数。　　　　　　　　　　　［第1章第1節・あとがき］

著者略歴

岡島純子
（おかじま・じゅんこ）

立教大学特任准教授，慶應義塾大学非常勤講師。博士（医科学）。臨床心理士・公認心理師。
岡山県立大学保健福祉学部卒業，宮崎大学大学院教育学研究科臨床心理専修修士課程修了，山梨大学大学院医学工学融合教育部人間環境医工学専攻博士課程修了。福祉，教育，医療分野での心理士，国立精神・神経医療研究センター研究員，獨協医科大学埼玉医療センター子どものこころ診療センター研究助手，東京医療学院大学准教授などを経て，現職。

中村美奈子
（なかむら・みなこ）

国立成育医療研究センター発達評価支援室心理療法士。臨床心理士・公認心理師。
関西大学社会学部産業心理学（現：心理学）専攻卒業，京都文教大学大学院臨床心理学研究科修士課程修了。堺市こどもリハビリテーションセンターから始まり，福祉，教育現場で主に心身発達に関する母子支援の臨床経験を積む。獨協医科大学埼玉医療センター子どものこころ診療センター心理士などを経て，現職。

加藤典子
（かとう・のりこ）

慶應義塾大学医学部精神・神経科学教室特任助教。博士（医科学）。臨床心理士・公認心理師。
関西大学社会学部卒業，文教大学大学院人間科学研究科臨床心理学専攻修士課程修了、山梨大学大学院医学工学総合教育部人間環境医工学専攻博士課程修了。ほづみ教育心理研究所池袋カウンセリングセンター（現，市ヶ谷カウンセリングセンター），医療法人社団ハートクリニック，獨協医科大学越谷病院子どものこころ診療センター研究助手，国立精神・神経医療研究センター認知行動療法センター流動研究員などを経て，現職。

親子で成長！
気になる子どものSST実践ガイド

2021年1月10日　印刷
2021年1月20日　発行

監修者
山本淳一　作田亮一

著者
岡島純子　中村美奈子　加藤典子

発行者
立石正信

発行所
株式会社 金剛出版
〒112-0005 東京都文京区水道1-5-16　電話 03-3815-6661
振替 00120-6-34848

装丁
山田知子(chichols)

カバー・本文イラスト
佐藤香苗

組版
石倉康次

印刷・製本
モリモト印刷

ISBN978-4-7724-1796-9 C3011　　©2021 Printed in Japan

JCOPY 〈(社)出版者著作権管理機構 委託出版物〉
本書の無断複製は著作権法上での例外を除き禁じられています。
複製される場合は，そのつど事前に，(社)出版者著作権管理機構
（電話 03-5244-5088, FAX 03-5244-5089, e-mail: info@jcopy.or.jp）の許
諾を得てください。

ケースで学ぶ
行動分析学による問題解決

日本行動分析学会＝編　山本淳一・武藤崇・鎌倉やよい＝責任編集

子育て支援，保育，教育，発達障害，心理臨床，心身医学，非行，リハビリテーション，看護，高齢者支援など，さまざまなヒューマンサービス領域での「使い勝手」がよくわかる，ケースで学ぶ行動分析学の問題解決法！

B5判　232頁　本体3,600円＋税

日本行動
分析学会
推薦テキスト

●おもな目次
第1部 総論
第1章 行動分析学による問題解決①──行動分析学の基礎を整理する／第2章 行動分析学による問題解決②──青年・成人における問題解決ストラテジーを整理する／第3章 行動分析学による問題解決③──医療における行動問題への取り組み

第2部 各論
第1章 子育て・保護者支援①／第2章 子育て・保護者支援②／第3章 保育／第4章 教育：通常学級①／第5章 教育：通常学級②／第6章 教育：特別支援学校①／第7章 教育：特別支援学校②／第8章 大学教育／第9章 発達障害（幼児）／第10章 発達障害（児童）／第11章 発達障害（青年）／第12章 心理臨床①／第13章 心理臨床②／第14章 心身医学／第15章 非行／第16章 地域支援／第17章 コミュニティ支援／第18章 リハビリテーション：理学療法／第19章 リハビリテーション：鈴木 誠｜第20章 リハビリテーション：言語聴覚療法／第21章 看護②／第22章 高齢者支援

問題を成立させている文脈を読み解く　問題の設定
環境が個人に与える影響を解き明かす　問題の分析
問題を分析しながら支援を実施する　　問題の解決

行動分析学を使いこなす！